REMAIN

잔여

잔여

유시 파리카·리베카 슈나이더 지음
이오애나 주컨 서문
심효원·유지원 옮김

대한민국, 서울, 커뮤니케이션북스, 2026

잔여

지은이 유시 파리카·리베카 슈나이더
서문 이오애나 주컨
옮긴이 심효원·유지원
펴낸이 박영률

초판 1쇄 펴낸날 2026년 2월 9일

커뮤니케이션북스(주)
출판 등록 2007년 8월 17일 제313-2007-000166호
02880 서울시 성북구 성북로 5-11
전화(02) 7474 001, 팩스(02) 736 5047
commbooks@commbooks.com
www.commbooks.com

CommunicationBooks Inc.
5-11, Seongbuk-ro,
Seongbuk-gu, Seoul, 02880, KOREA
phone 82 2 7474 001, fax 82 2 736 5047

ISBN 979-11-430-1689-8 03300

책값은 뒤표지에 표시되어 있습니다.

소개글 | 잔여 × 잔여(들)

이오애나 주컨

역사는 멈추지 않을 시간이다.

—수전로리 파크스(Suzan-Lori Parks)

수 세기에 걸친 기술·과학 발전에 뒤이어, 그리고 수탈·강제이주·착취의 역사이기도 한 현대 진보의 역사에 뒤이어 무엇이 잔여로 남았을까? [대부분 물질의 형태를 띠는] 유형과 무형의 잔여(remains)와 [때때로 존재 여부조차 알 수 없는] 나머지(remainders)는, 그리고 잔여로 남겨지는 과정은 어떻게 이해되고 관련되며 관계를 형성하는가? 시장에서 이다음의 '새로운' 것을 끊임없이 좇는 소비문화, 곧 글로벌 자본주의하에서 잔여(들)[remain(s)]#는 어디에

'remain(s)'은 기본적으로 '잔여(들)'와 대응한다. 하지만 'remain(s)'과 '잔여(들)'는 동사 'remain'과 명사 'remains' 등을 아우르는 전략적 표기다. 즉 단순한 잔여물로 남지 않는 시공간적 지속성과 수행성, 유

자리할까? 소비문화에서 쓰이고 남은 것들은 무엇이고 어디에 있으며, '우리'(새로운 것의 소비자)는 어떻게 우리가 남긴 것들과 함께 살아가는가? 부정되고 지워져 왔던 대상(subject)인, 과거가 아닌 과거는 어떻게 [현재 우리와] 관계 맺으며 함께 지속되는가? 잔여의 물질/문제(matter)는 무엇이고, 잔여의 시간성은 어떠한가? 잔여는 왜 그리고 어떤 점에서 중요할까?

잔여(들)는 복수의 비동종적인(nonhomogeneous) 시간 및 공간과 복잡하게 관계하며 다양한 의미를 축적하고, 이에 대한 사유와 (재)만남을 위한 다양한 가능성을 연다. 이 책에 수록된 리베카 슈나이더와 유시 파리카의 글 두 편은 이러한 의미 중 일부에 몸짓하며 그 가능성을 상연한다. 이 소개글은 두 글 사이에서 이루어진 대화와 교환에서의 열

물로 인정된(아카이브된) 것과 유물로 인정되지 않은(아카이브되지 않은) 것, 심지어 그 존재 여부도 모르는 것을 포괄한다. 이는 본문에서 분류된 것과 누락된 것의 끊임없는 생성, 원본 회귀의 불가능성(이차적 부수물이 아닌 일차적 행위자성)의 의미로 심화된다. 요컨대 '잔여(들)'는 잔여의 여러 양상을 여러 측면에서 살피는 일종의 개념적 진입구로 이해하면 될 듯하다.

린 간격을 가리키는 것을 목표로 한다. 먼저 슈나이더와 파리카의 글에 대한 나름의 이해를 바탕으로 동사이자 명사, 호명(부름, 명령), 상태 그리고 되기(becoming)의 과정으로 사용되는 '**잔여 하다**(remain)' 개념을 둘러싼 사유의 가능성을 도식으로 정리했다(다음 쪽 참고).

두 저자는 본래 간학제적인(interdisciplinary) 연구 분야(슈나이더는 공연·퍼포먼스 연구, 파리카는 미디어 연구, 구체적으로 미디어고고학)로부터 잔여(들)라는 문제에 접근한다. 퍼포먼스 연구에 대한 인터뷰에서 슈나이더는 퍼포먼스 연구가 "결정적인 경계 설정에 저항한다"고 말한다(Schneider, 2007). 특히 슈나이더는 '극장' 및 '극장성'과 '앤드 기호(&)'로 결부되는 퍼포먼스 연구가 "발상을 틔우는 초대"이며 "교차 시간적(cross-temporal) 참여를 사유하는 멋진 무대"라고 주장한다. 슈나이더가 자신의 저술에서 다양한 형태로 그리고 광범한 관심사와 결부하며 틔워 낸 발상들로는 "교차 시간적 살아 있음(cross-temporal liveness)"(Schneider, 2007), "살아 있는 것과 지나간 것이라는 정식 사이 미결의 공간"(이 공간에서 극장은 "특정한 지분"을 지닌다)(Schneider, 2012: 155; Schneider, 2011도

어떻게 — (어떤) 잔여 — 를 조우할 / 에 관여할 (에서 탈피할) / 와 관계를 형성할 — 것인가?

무엇이 잔여로 남는가?
잔여란 무엇인가?

물질문화적 대상/사물
예: RISD 박물관 지하실의 뼛조각
(슈나이더 참고)

아카이브에서

무엇이
보존되는가

"기록"
"분석"

무엇이
배제되는가

"잔여/나머지"

(생각과 삶의) 습관

물질

지질 물질

생물질

노동 & 사용
(슈나이더)

쓰레기

폐기성

역사들

"과거가 아닌 과거"
(샤프를 경유한 슈나이더)

"간극"

"심원한, 대양의 시간"
(슈나이더)

만남/관여/관계의
방법/실천/원리로

손의 확장
(슈나이더 참조)

[가동화된 잔여]

(파리카)

손수 실습

인식론

아카이브 논리로서의
식민 권력
(스톨러를 경유한 파리카)

다음의 이분법적 분리들을 해체

실시간의 & 기록된 /
살아 있는 & 살아 있지 않은
(파리카, 슈나이더)

유생 & 무생(슈나이더)

새로운 것 & 오래된 / 구식의 것
(슈나이더 참고)

폐기성 범람
글로벌 자본주의 체계

미디어고고학(파리카 참고)

유산(파리카)
상속

호명 & 응답

"내부무생화"
(슈나이더 참고)

"현존"의 개념 확산
(파리카)

다중적 시간성

무엇이 잔여(들)인가?

"참여자의 감각 일으키기"
(슈나이더)

"행위된 상황"
"상황화된 실천"
잔여의 수행성
(파리카)

"사변적 컬렉션"
(노비스키를 경유한 파리카)

"미디어 잔여"로서,
"재생적 구식화의 매체"로서
신체
(슈나이더)

한물간 극장(슈나이더 참고)

"'역사가 남긴 나머지들을 …
처리하고 측정하고 수집하며
그에 초점을 맞추는'(섭책) 실천이
중요해진 미디어 문화의 잔여"
(파리카)

무엇을 전달하는가 &
무엇이 전달되는가

"퇴적된 행위들"
(슈나이더가 인용한 버틀러 &
파리카가 인용한 슈나이더)

"진행 중임"

비선형적·다차원적 시간

(슈나이더 & 파리카 참고)

참조)이 있다. 아울러 "내부무생화(intrainanimation)" 개념을 경유하는, "죽은 자가 산 자의 몸을 넘나들며(play across) 산 자가 죽은 자를 재생(replay)하는 방식"이 있다(Schneider, 2017). ≪미디어고고학이란 무엇인가?(What Is Media Archaeology?)≫에서 파리카는 미디어고고학이(그가 책에서 착수하고 실천했듯) "동시대 문화에서 **미디어를 고고학적으로 사유하는 방법**에 대한 통찰을 제공"하며, 이러한 사유 방식은 "과거와 현재의 얽힘"이라는 전제에서 시작한다고 말한다(Parikka, 2012: 2, 4, 5). 파리카는 다른 글에서도 미디어고고학을 "시간에 관한 미디어 철학을 실행하는 것", "억압된 것, 잊힌 것, 과거를 발굴하는 방식", "DIY 문화, 서킷벤딩(circuit bending, 회로 개조), 하드웨어 해킹, 정보기술의 정치경제에 개입하는 여러 활동과 맞닿은 예술적 방식"(Parikka, 2015: 7; Hertz & Parikka, 2015: 142)이라고 표현했다. 파리카는 ≪미디어의 지질학(A Geology of Media)≫에서 과거·현재·미래가 서로 얽힌 복잡성을 탐구했고, "광산과 희토류 광물에 담긴 미디어의 말 그대로 심원한 시간(deep time)과 심원한 공간(deep place)", 대체로 잔류물/쓰레기로 구성된 다양한 기술적·화학적 흔적의

"아카이브"로서 지구에 주목했다(Parikka, 2015: 5, x). '미디어의 지질학'을 탐구하는 것은 미디어 생태학과 교차하며, 여기서 미디어 생태학은 "기술로서 미디어가 자원 … 그리고 자연과 맺는 구체적 연결들"을 의미한다(Parikka, 2013: 75).

잔여(들)에 대한 파리카와 슈나이더 각각의 접근 방식은 시간과 물질에 대한 사유[그리고 (재)개념화]에서 교차한다. 여기서 파리카와 슈나이더는 잔여(들)의 인식론적·존재론적 복잡성에 관여해야 한다고 시사하는 듯하다. 본문에서 파리카는 "잔여는 오래된 것과 새로운 것이라는 선형적 기준에 깔끔하게 들어맞지 않는다"고 말한다. 파리카는 '오래된'과 '새로운'의 양자택일 대신 "나머지라는 긴요한 문제를 **헤테로크로니아**(heterochronia)#의 지형을 그리는 미디어학으로 다뤄 보자"고 제안한다. 헤테로크로니아라는 개념에서 초점은 "다중의 시간성(multiple temporalities)"에 맞춰져 있고, 다중의 시간성은 잔여(들)만이 아니라 잔여의 분산된 "위치성(locatability)"과 얽혀

이 책의 1장(13쪽) 참조.

있다. 슈나이더는 새로움에 속박된 기술과 "서구 역사의 선형적 타임머신"을 모더니티의 "소위 진보의 행진"과 연결하며, 파리카와 마찬가지로 새로운 것과 오래된 것의 이분법 바깥에서 잔여(들)를 사유한다. 폐기성의 범람으로서 자본주의 체계(라고 내가 부르는 것)에서 (계획되고 프로그래밍된) 새로운 것의 생산은 그만큼 구식의 것을 생산한다. 슈나이더가 웬디 희경 전(Wendy Hui Kyong Chun)을 따라 표현하듯 "소위 새로운 것이란 본질적으로 습관이 만들어 내는, 새로운 뒤처진 것(the new outmode)이다". (순수하게) 새로운 것을 만들기 위해 오래된 것을 소거하는 모더니티의 계획에도 불구하고, 한물간 것은 없어지지 않는다. 그저 다른 곳으로 옮겨 갈 뿐이다. 또는 파리카의 ≪미디어의 지질학≫에서 인용하자면, "구식은 귀환한다"(Parikka, 2015: 141). 그리고 잔여로 남는다. ≪미디어의 지질학≫에는 파리카가 가닛 허츠(Garnet Hertz)와 함께 쓴 "좀비 미디어: 미디어고고학을 예술 방법론으로 서킷벤딩하기(Zombie Media: Circuit Bending Media Archaeology into an Art Method)"라는 논문이 부록으로 수록되어 있는데, 이 논문에서 파리카는 버나드 런던(Bernard London)

이 대공황 종식의 방안으로 처음 제안했던 '계획적 구식화(planned obsolescence)'라는 개념을 끌어들인다. 허츠와 파리카는 "폐기와 구식화는 우발적인 것이 아니며, 사실상 현재 미디어 기술 내부에 있다"고 말한다(Hertz & Parikka, 2015: 142).

파리카에 따르면 폐기와 구식화는 실질적으로 자본주의적 생산과 소비의 방식에 광범하게 내재하고, 이는 [내구성(durability)의 반대말인] 폐기성(disposability)의 습관을 만들고 지속시킨다. 이러한 습관의 전형적 사례가 바로 일회용 플라스틱이다. 파리카는 크리스티나 린드스트룀(Kristina Lindström)과 오사 스톨(Åsa Ståhl)의 예술 기획 <플라스틱 상상들(Plastic Imaginaries)>을 통해 이 사실을 환기한 바 있다. 슈나이더 역시 일회용 플라스틱이 [네덜란드 비영리환경단체 오션클린업(Ocean Cleanup)의 CEO인 보얀 슬랏(Boyan Slat)의 말을 빌려] "기이할 정도로 소멸하지 않는 구식화의 비결"이라고 상기시켰다. 역사학자 제프리 메이클(Jeffrey Meikle)은 ≪미국의 플라스틱(American Plastic)≫에서 1950년경 전쟁의 잔재로 남은 플라스틱의 "고질적인 과잉공급"이 "생산자들로 하여금

[플라스틱의] 내구성이 아니라 폐기성을 고려하게" 했으며, 그 결과 플라스틱은 한정된 사용 횟수(대개 일회용)를 염두에 둔 가치 없는 물건, 폐기되기 위해 생산되는 물건으로 유통되었다고 설명했다(Meikle, 1995: 190). 1940년 이후로 플라스틱뿐 아니라 이 시스템 안에 있는 모든 것이 거의 빠짐없이 쉽게 폐기 가능한 것으로 취급되었다. 여기에는 인간(혹은 '인적 자원')이 포함된다. 이 시스템 속의 인간은 끊임없는 이윤 창출 게임의 일환에서 (계속해서) (재)생산되고 사고팔리는 주체성을 띤다[이 주체성은 유연함, 적응성, 새로운 것에 대한 집착을 특징으로 하는 가소성(plasticity)을 본떠서 만들어진다].

그러나 폐기성의 역사는 이보다 길다. 소비시장의 추동 원리로 1930~1940년대 등장했던 "계획적 구식화"보다 훨씬 더 이전으로 거슬러 올라간다. 이 역사는 현재진행형이다. 그것은 바로 자본주의와 식민주의의 역사다. 슈나이더가 어느 글에서 글렌 쿨타드(Glen Coulthard)를 인용하며 상기시켰듯, 자본주의와 식민주의는 대지와 노동의 수탈 그리고 착취 체계(Wolfe, 2016을 함께 참고할 것)와 불가분하게 얽혀 있다. 이러한 얽힘의 한가운데에 노예 제도와 선주민 소유권 박탈, 이주, 말살이 있다. “인종은 역사의 자취”(Wolfe, 2016: 3)라고 주장한 패트릭 울프(Patrick Wolfe)의 저서 ≪역사의 자취(Traces of History)≫는 서로 다른 인종 체제와 인종화(racialization) 그리고 그것들이 서로 얽혀 있는 각기 다르지만 연관된 역사의 자취를 좇는다. 구체적으로 노예 집단 사례는 “신체적 착취의 역사”이며 선주민 집단 사례는 “영토 침탈”의 사례다. 이러한 역사의 두 타래 모두에서, “인종화라는 해로운 논리”가 “전 세계의 수많은 개인과 집단”을 일회용으로 만드는 사업에 존재해 왔다. 그리고 이는 백인우월주의라는 이름하에 현재진행 중이다(Weheliye, 2014: 15). 노예제, 식민 침탈과 말살이 자행된 이러한 역사는 잔여로, 살아가고 행동하고 생각하는 다양한 방식들로 남아 있다.

‘앞으로 전진하는 시간’이라는 모더니티의 선형적 시간 개념 바깥에 있는 혹은 그 개념을 비켜선 잔여(들)에 대한 사유는 “과거는 과거가 아니며, 미래는 미래가 아니다”[모리스 메를로퐁티(Maurice Merleau-Ponty), 이 책 슈나이더의 글에서 재인용]라는 말과, “과거가 아닌 과거가 다시 나타난다”[크리스티나 샤프(Christina Sharpe), 이 책 슈나이더의 글에서 재인용]라는 말과 관련된다. 크리스티나 샤프는 저서 ≪배가 지나간 흔적을 따라(In the Wake)≫에서 다음과 같이 묻는다(Sharpe, 2016: 53). "노예를 재산으로 삼는 제도와 그 사후생(afterlife)을 어떻게 추모할 것인가? 그 사후생이 여전히 펼쳐지고 있는데도? 어떻게 계속 진행 중인 사건을 추모해야 한단 말인가?" 과거가 아닌 과거의 **진행 중임**(ongoingness), 즉 펼침(the unfolding)이라는 개념은 잔여와 잔여(들)로 남은 것을 사유하는 데 핵심이다. 이는 슈나이더와 파리카의 글 모두에서 다른 방식으로 뚜렷하게 드러난다.

슈나이더는 이 책에서 로드아일랜드 스쿨오브디자인 박물관 지하실에 있는 뼈 원반 유물과 만나는 "심원한 시간에 속한 **실시간인/살아 있는**(live) 장면"을 상연한다. 슈나이더의 표현에 따르면 이 장면은 "교차 시간적 교환"을 통해 로마제국까지 뻗어 나가는 "연장된 순환의 장면"이다. 슈나이더의 말을 다시 빌리자면 이 장면은 "수천 년을 가로지르는 유의미한 지속을 보여 준다. [이 장면 속에서] 뼛조각은 손에서 손에서 손으로 연장됐고, 손들은 뼛조각을 받으려고 [이를 향해] 뻗어졌다". 슈나이더는 "손을 뻗는다"라는 비유, 몸짓, 실천을 통해 이 장면을 펼쳐 낸다. 연장(extension)을 '손에 쥔 것(in-hand)'으로 생각하면 시간적·공간적 간격을 가로질러 손에서 벗어난 것과 손에서 손으로 건네지는 것에 주목하게 된다. 이것은 또한 "반복성"과 불가분하게 묶인 "수공(handwork)"을 통해 반복되고 보존되고 호명하는 방식과, 아울러 "간격을 둔 울림으로 과거와 미래를 직조하는 호명과 응답"과 관련된다. 나아가 "과거를 호명해 해명하도록"하는 것과 "해명과 함께 응답하도록 과거에 호명되는 일"의 의미 둘 다에서 "응답능력(response-ability)"이 그에 따라온다.

비선형적이고 다방향적인 시간의 작용은 물질 안에서 그리고 물질을 통해서 일어나며, 물질은 시간의 작용을 구현한다[혹은 (다르게 표현하면) 시간 작용의 무게를 견딘다]. 여기서 사용되는 '물질'은 복수적이고 이종적이며 다양한 존재와 존재 방식으로 분화되는데, 이때 쟁점이 되는 것은 관계다. 슈나이더의 이론대로 "손을 뻗기"는 복수적 물질 안에서 혹은 그것을 통해서 시간의 작용에 참여하는 것, 순환과 관계의 문제에 참여하는 것이다. 슈나이더는 유생과 무생, 살아 있는 것과 살아 있지 않은 것, 인간과 비인간 사이의 양분된 구분에 도전하며 "손을 뻗기"를 [프레드 모텐(Fred Moten)과 존 던(John Donne), 또 캐런 바라드(Karen Barad)와 도나 해러웨이(Donna Haraway)에게서 유래한] "내부무생화" 개념과 결합한다. 이 개념은 초점을 "모든 것의 유생성을 옹호하는 일반화된 주장으로부터"(특정 계열의 신유물론 저작들에서 제기된 주장)[1] "호명과 응답이 관여하는 다양한 이질적인 존재를 가로지르는 틈새 관계(interstitial relations)라는 관념"으로 옮긴다. 슈나이더의 글은 살아 있는 뼛조각과 만나는 장면에서 <스타 트렉(Star Trek)>의 세 번째 시즌 중 "야만의 장막(The Savage Curtain)" 에피소드로 이행하면서 이러한 발상을 구현하는 듯하다. 이러한 발상은 슈나이더가 다음과 같은 의문을 표할 때 윤리적이고 정치적인 의미를 띤다. "우리 사이에서 순환하는 모든 삶의 방식을 존중하면서, 광활하게 펼쳐진 시간과 공간 그리고 단 하나의 떨리는 이파리나 뼈 찌꺼기 조각이라는 가장 작은 단위를 가로지르면서, 우리는 어떻게 내부무생성의 **물질/문제**에 접근할 수 있을까?"

슈나이더는 파리카가 "미디어의 지질학적 잔여로서 광

물과 화학 물질에 주목"하고 "미디어가 [비로소] 미디어가 되기 한참 전에 미디어가 시작된다"고 주장한 것에 대해 이야기하면서 자신이 "미디어의 퍼포먼스 잔여"라고 명명한 것, 더 구체적으로는 "생물학적 물질"("살아 있는 몸")과 "선사 시대의 미디어 물질"로서 "지질학적 물질"에 특히 초점을 맞춘다. 슈나이더의 관심사는 "미디어의 손-안에-있음(in-handedness)"인데, 여기서 살아 있는 몸, "살과 뼈" 그리고 이들과 연관된 "노동과 사용"(후자는 "의식, 습관, 만남"을 포함하는 것으로 여겨진다)은 미디어의 구성 요소이자 미디어적 잔여, 아마도 "선사 시대"의 것이다. 이렇게 미디어와 몸을 생각하는 방식에 따르면 미디어는 [마셜 매클루언(Marshall McLuhan)이 선언했듯(McLuhan, 2013)] "인간의 확장"이 아니다. 그보다 몸이란 "그 자체로 이미 미디어적인 것"이자 그 자체로 "확장의 수단"이며, 그러므로 관계성과 순환성의 수단이다.

파리카는 잔여(들)(로 남는 것)가 무엇인지 미디어고고학 쪽에서 질문하며, 마찬가지로 관계성의 차원에서 잔여(들)를 사유한다. 파리카는 무언가가 잔여로 남는 방식으로서 '되기'를 강조한다. 잔여로 남는 방식은 "만들기/생각하기(making/thinking)가 이루어지는 특정한 공간뿐 아니라 특정한 역사적 상황에서도 상황화된다"(파리카, 이 책). 아카이브와 아카이브하기, 아카이브 구성에서 보존되는 것과 배제되는 것에 특히 주목하는 파리카의 접근법은 "잔여를 가동하는 것"이며, 잔여를 "능동적인 형성, 상황화된 실천"으로 받아들인다. 파리카의 말을 다시 인용하자면, 이 접근법을 통해 "잔여(들)는 단순히 범주화되는 사물이 아니라 새로운 관계들과 잠재성들을 소환하는 사건에 더 가까워진다. 잔여(들)는 진열장, 범주화, 색인 체계에서 벗어나 원래 있던 곳인 역사, 고고학적 퇴적물, 거대한 바깥으로 확장된다".

파리카는 "관계 속에서 잔여가 상연되는 장소"로서 MAF(Media Archaeological Fundus. 미디어고고학적 기저부)를 강조한다. 독일 베를린 훔볼트대학교의 미디어 이론가 볼프강 에른스트(Wolfgang Ernst)가 주관하는 MAF는 "여러 시대에 걸쳐 개발된 다양한 전자기계와 기계적 인공유물을 수집한 컬렉션"이다. MAF의 목표는 "그냥 역사 쓰기를 넘어 인식론적 함의들 안에서 기술과 미디어에 대한 현대의 사유를 북돋을 수 있는 관점을 제공하는 것"이다.[2)]

컬렉션의 인공 유물들은 "비판적 만들기(critical making) 작업"과 공명한다는 점에서 "손수 실습하기(hand-on)"와 결부된다. 파리카는 컬렉션에 개입하는 수행적 방식을 "손수 인식론(hands-on epistemology)"(강조는 글쓴이가 추가)이라는 용어로 표현한다. 파리카에 따르면 "손은 사물의 잔여를 가동하고 가리키고 가능하게 만듦으로써 이 운용(play, 연극)의 일부이자" MAF에서 제작한 영상의 일부를 이루는 "부분적 행위자가 된다". 파리카는 슈나이더의 손과 몸의 이론과 공명하면서 손을 "구식의 일종인 나머지"로, ("인간 신체를 예찬하지 않으면서 신체의 가능성을 다양한 규모 사이를 넘나드는 문턱값과 인터페이스의 일환으로 동원하고, 신체를 이미 신체가 아니었던 그 무엇"으로 만드는 과정을 통해서) "일종의 문턱값인 신체"로 사유한다. 그러나 파리카와 슈나이더가 공히 아카이브를 역동적으로 이해하며 "실시간인/살아 있는 것과 기록된 혹은 녹음된 것 간의 대립을 넘어 체화된 상황으로서 아카이브의 생산적인 살아 있음"으로 나아가더라도, 파리카의 "손수 인식론"과 슈나이더의 "손을 뻗기"는 확연히 다르다. 앞선 논의에서처럼 슈나이더에게 "손을 뻗기"에서 문제가 되는 것은 시간적·공간적 간격이 현저하게 지속되면서 일어나는 교환과 순환의 상황에서 무엇이 손에서 **벗어나는지**(move off)다. 이는 설령 실험실 공간이 "기술에 '감염된' 인문학연구소"[슈테판 횔트겐(Stefan Höltgen), 이 책 파리카의 글에서 재인용]이더라도 그곳에서 잔여를 조작한다는 발상과는 다르다.

파리카는 에른스트를 따라서 "학습과 이론 그리고 어느 정도의 수집이 서로 교차하는 혼종적 현장"인 컬렉션에 손수 참여할 때 인공 유물은 "역사적 서사 쓰기용 소품이 아니라 자체적으로 실행되는 역사의 생산"이라고 서술한다. 인공 유물을 역사적 서사 쓰기 용도의 소품으로 대하지 않는 이러한 발상은 에른스트에게 미디어고고학적 접근을 통해 "아카이브를 근본적으로 탈역사화하는 것"(에른스트의 글 제목이기도 하다)을 의미한다. 디지털화된 아카이브의 경우, "방대한 양의 아카이브 신호와 데이터의 새로운 탐색 형식을 실험하는 창의적 알고리즘"(Ernst, 2016: 10)에 미디어고고학적 접근법의 예시를 적용할 수 있겠다. 에른스트가 제안한 탈역사화는 현대의 아카이브에서 "영토화된 국민국가" 그리고 서사와 연동되는 고리를 끊는 것을 목표로 한다(Ernst, 2016: 11). 하지만 에른스트가 제안하는 식의 탈역사화는 기술적·수학적 조작을 전적으로 중시하는 탓에 사회적 측면을 배제하고 (식민지의, 식민지화된) '공식' 아카이브가 끊임없이 자행해 온 역사 지우기에 (더욱) 일조할 수 있다는 점에서 위험해 보인다.

이 공식 아카이브에는 지워짐, 간극, 침묵 역시 과거가 아닌 과거의 형태로 남아 있[고 그것들이 곧 잔여(들)]다. 예를 들어 문학연구자이자 문화사가인 사이디야 하트먼(Saidiya Hartman)은 대서양 노예 무역의 아카이브와 관련된 "아카이브의 침묵"과 이 아카이브의 폭력성에 관한 글을 썼다. 이 침묵과 이 아카이브를 구성하는 폭력에 어떻게 관여할 것인가? "포로의 문화사를 쓰기 위해 아카이브의 한계에 맞서고, 이와 동시에 서술 과정을 통해 정확히 포로의 삶을 재현하는 것의 불가능성을 구현하면서", 하트먼은 "2막의 비너스(Venus in Two Acts)"라는 글에서 "비판적 우화(critical fabulation)"라는 방법을 제안한다(Hartman, 2008: 11). 하트먼이 실천하는 이 방법은 "이야기의 기본 요소들을 가지고 놀고 재배열하는 것,… 사건들의 순서를 서로 다른 이야기들로, 서로 맞서는 관점에서 재현하는 것”(Hartman, 2008: 11)을 수반하지만, 서사 [자체]를 완전히 포기하지는 않는다. 하트먼의 말을 다시 빌리자면 “이 방법의 귀결은 ‘재조합된 서사’로, 서로 엇갈리는 이야기들의 갈래들을 엮고, 소녀(비너스)의 이야기를 다시 들려주면서 노예제의 시대를 우리의 현재로 서술해 현재·과거·미래를 직조하는 것이다”(Hartman, 2008: 12).

파리카는 잔여를 가동할 수 있는 일련의 가능성 중 하나로 에른스트의 입장을 취한 다음 “사변적 컬렉션(speculative collection)”에서의 손수 인식론으로 넘어간다. 사변적 컬렉션 개념은 베서니 노비스키(Bethany Nowviskie)로부터 빌려 온 것으로, 노비스키는 “아프로퓨처리즘(Afrofuturism)의 이론·실천, 그 외 사변적 예술·디자인 형식, 카이로스(kairos) 개념과 시간적 모델링(temporal modeling) 개념, 카리브해의 ‘그렇지 않으면(otherwise)’, ‘아카이브에 대한 불가능한 상상’과 ‘사용 가능한 과거’를 향한 분투, 해방 연구, ‘아카이브 생동성’ 개념, 돌봄의 윤리”에서 영감을 받았다(Nowviskie, 2016). 하트먼의 “비판적 우화”처럼 “사변적 컬렉션”도 아카이브의 “간극과 불확실성”을 진지하게 고려한다(Nowviskie, 2016). 하트먼은 “죽은 주체들의 집단적 전기이자, 인간의 대항역사이고, 자유의 실천인 예언되고 예상된 죽음의 연대기를 어떻게 다시 쓸 것인가"라는 질문에 초점을 맞춘다(Hartman, 2008: 3). 이와 연계된, 하지만 그 방점이 살짝 다른 아프로퓨처리즘의 강력한 질문이 바로 사이버문화 비평가 마트 데리(Mark Dery)가 표현하는, 어떻게 "고의로 과거가 말살된 공동체가 … 그들에게 가능한 미래를 상상할 수 있을까"(Nowviskie, 2016에서 재인용)다. 노비스키는 디지털학과 디지털 문화유산을 연구하면서 "받아들일 내용이 아니라 사용할 기술(technology)로서 아프로퓨처리즘의 문화유산 개념"에서 영감을 얻는다. 그리고 묻는다. "어떻게 디지털 컬렉션과 디지털 학문의 기획들을 '그것이 무엇이었는지'를 밝히는 언표가 아니라 '그것이 무엇이 될 수 있는지'를 밝히는 도구와 자원으로 자리매김하게 만들까?"

이 책에 수록된 글에서 파리카는 이러한 발상, 즉 "문화유산을 받아들일 내용이 아니라 사용할 기술로서" 대하는 발상을 여러 방면과 실천 영역[특히 (미디어아트 분야의) 예술과 디자인 영역]에 적용하며, 그중에서 인프라(그리고 인프라 구축에 필요한 노동력)와 "잔여의 광범한 생태"의 문제에 초점을 맞춘다. 파리카는 이러한 문제들을 좇으면서 "기술문화가 남긴 잠재적 유독성 유산"과 "물질들을 재사용할 가능성"을 포함한 여러 사안에 주의를 기울인다. 공간적으로도 시간적으로도 퍼져 나가는(오염을 퍼뜨리는) 유독성은 잔여가 되고, 그렇게 잔여로 남아 있으면서 소위 유생성과 소위 무생성의 물질을 나누는 모든 이분법에 문제를 일으킨다. 슈나이더 역시 이러한 발상에 이른다. 슈나이더는 이를 멜 첸(Mel Y. Chen)의 ≪유생성들: 생명정치, 인종문제, 퀴어정동(Animacies: Biopolitics, Racial Mattering, and Queer Affect)≫에 나온, "수은 중독" 경험에서 불거진 광물과 살아 있는 몸 사이의 "퀴어 친밀성(queer intimacy)"과 연관 짓는다. 따라서 유독성은 시간적·공간적으로 확장된 간격과 규모에 걸쳐 일어나는 잔여의 "진행 중임", 혹은 (파리카가 자주 사용하는 용어를 되풀이하자면) "펼침"의 또 다른 형태다. 이러한 간격과 규모에는 깊이 생각할 것이, 상응할 것이, 다룰 것이, 돌볼 것이, 관계할 것이 잔여로 많이 남아 있다. 이제부터 두 글이 이러한 잔여의 일부를 펼칠 것이다.

미주

1) 이를테면 제인 베넷(Jane Bennett)이 2010년 출간한 ≪생동하는 물질(Vibrant Matter)≫을 참고할 것[제인 베넷 지음, 문성재 옮김(2020). ≪생동하는 물질≫. 현실문화.].

2) 이 묘사는 훔볼트대학교 웹사이트에서 호스팅하는 MAF 웹페이지를 참고했다. https://www.musikundmedien.hu-berlin.de/de/medienwissenschaft/medientheorien/fundus/media-archaeological-fundus.

참고문헌

Bennett, Jane. 2010. *Vibrant Matter: A Political Ecology of Things*. Durham, N.C.: Duke University Press.

Ernst, Wolfgang. 2016. "Radically De-historicizing the Archive." In *Decolonising Archives*. L'Internationale Online. http://www.internationaleonline.org/bookshelves/decolonising_archives.

Hartman, Saidiya. 2008. "Venus in Two Acts." *Small Axe: A Caribbean Journal of Criticism* 26: 1–14.

Hertz, Garnet, and Jussi Parikka. 2015. "Appendix: Zombie Media: Circuit Bending Media Archaeology into an Art Method." In *A Geology of Media*, 141–53. Minneapolis: University of Minnesota Press.

McLuhan, Marshall. 2013. *Understanding Media: The Extensions of Man*. New York: Gingko Press.

Meikle, Jeffrey. 1995. *American Plastic: A Cultural History*. New Brunswick, N.J.: Routledge.

Nowviskie, Bethany. 2016. *Speculative Collections*. October 27.

http://nowviskie.org/2016/speculative-collections/.
Parikka, Jussi. 2012. *What Is Media Archeology?* Cambridge: Polity Press.
Parikka, Jussi. 2013. "Green Media Times: Friedrich Kittler and Ecological Media History." In *Mediengeschichte nach Friedrich Kittler*, edited by Friedrich Balke, Bernhard Siegert, and Joseph Vogl, 69-78. Munich, Germany: Wilhelm Fink.
Parikka, Jussi. 2015. *A Geology of Media*. Minneapolis: University of Minnesota Press.
Schneider, Rebecca. 2007. "Interview with Rebecca Schneider." In *What Is Performance Studies?* http://scalar.usc.edu/nehvectors/wips/rebecca-schneider-what-is-performance-studies-2007.
Schneider, Rebecca. 2011. *Performing Remains: Art and War in Times of Theatrical Reenactment*. New York: Routledge.
Schneider, Rebecca. 2012. "It Seems as If . . . I Am Dead: Zombie Capitalism and Theatrical Labor." *The Drama Review* 56, no. 4: 150-62.
Schneider, Rebecca, in conversation with Lucia Ruprecht. 2017. "In Our Hands: An Ethics of Gestural Response-ability." *Performance Philosophy* 3, no. 1. http://www.performancephilosophy.org/journal/article/view/161/172.
Sharpe, Christina. 2016. *In the Wake: On Blackness and Being*. Durham, N.C.: Duke University Press.
Weheliye, Alexander. 2014. *Habeas Viscus: Racializing Assemblages, Biopolitics, and Black Feminist Theories of the Human*. Durham, N.C.: Duke University Press.

Wolfe, Patrick. 2016. *Traces of History: Elementary Structures of Race*. London: Verso.

차례

일러두기

- 이 책은 *Remain*(Ioana B. Jucan, Jussi Parikka, and Rebecca Schneider, University of Minnesota Press, 2019)을 저본으로 삼아 번역했습니다.
- 원문에서 강조를 위해 이탤릭체로 쓴 부분은 고딕체로 표시했습니다.
- 지은이의 주석은 1), 2), 3)으로, 옮긴이의 주석은 #, ##, ###으로 표시했습니다.
- 중복되는 괄호나 옮긴이가 첨언한 내용에는 '[ ]'를 사용했습니다.
- 이중적으로 해석될 수 있는 단어의 뜻은 '/'를 사용해 병기했습니다.
- 외래어 표기는 현행 한글어문규정의 외래어표기법을 따랐습니다.

[1] 흩어진 잔여(들)

유시 파리카

나머지#의 우선성

존 아콤프라(John Akomfrah)와 트레버 매시슨(Trevor Mathison)의 〈단단한 모든 것(All That Is Solid)〉##은 목

이 글에서 명사 'remain'은 '잔여'로, 'remainder'는 '나머지'로 옮겼다. 일반적으로 'remain'은 물질 형태로 지속되는 상태, 'remainder'는 숫자 연산 등에서 분할하고 남은 무형의 상태를 나타낸다. 한국어 '잔여'는 이 두 의미를 총칭할 수 있는 광의성이 있지만, 이 글에는 그 이상의 의미가 있는 맥락들이 많아서 그 둘을 구분했다. 특히 'remainder'에는 데리다적 의도가 담겨 있다. 'remainder'는 우리의 의식 바깥에 존재하며 우리가 그 존재 여부조차 모르는 'remain'을 지칭한다. 파리카는 'remainder'가 분류될 수 없는 것으로서 '일시적인(ephemeral)', '쓰고 남은 것(leftovers)', '어디에 속하는지 불명확함', '설명될 수 없음' 등과 의미가 비슷하다고 말한다(2024년 1월 11일, 개인 접촉).

"단단[견고]한 모든 것이 공기에 녹아든다(All that is solid melts into air)"는 카를 마르크스(Karl Marx)와 프리드리히 엥겔스(Friedrich

소리와 소리의 일시적 사후생을 탐색한 작품이다. 부제가 "청각적 대상의 은밀한 사후생(The Discreet Afterlife of Auditory Objects)"인 이 작품은 역사를 금방 사라지는 것들의 비실재성이 포함된 아카이브의 실재로서 그리는 미학적이고 어려운 과업에 집중하고 귀 기울인다. 작품은 안개 이미지와 이를 둘러싼 여러 상황을 연달아 보여 주며 이 과업을 달성한다. 이 상황들은 시간적으로 금방 사라지는 것에 대한 이야기를 들려준다. 그 사라지는 것은 일반적 의미에서가 아니라 기억과 아카이브의 문제와 결부된 의미에서 '퇴조한다(decay)'. 작품의 주요 대사인 "역사는 흩어진다(History is scattered)"는 남아 있는 것이 무엇인지, 물질적인 것에서 나머지가 무엇인지에 대한 논의로 작품을 전적으로 이끈다. 잔여들을 개별 기록된 잔여[유물] 이상의 것으로, 그리고 한층 더 살아 있고 체화된 사건 기반적 수행(Schneider, 2011: 87-110)의 일부로 생각한다는 것은 어떤 의미일까? 잔여들은 어느 자리에 있으면서 동시에 분

Engels)의 ≪공산당 선언(Manifest der Kommunistischen Partei)≫(1848)의 한 구절이다. 원래는 전통적인 사회적·경제적 견고성을 와해하는 자본주의의 급격한 유동성을 묘사한다.

산되어 있다. 잔여들은 물질적이면서 때때로 흐릿하다. 잔여들은 분위기이자 환경일 수 있고, 심지어 그것이 때때로 기관 속(institutional)# 상황에서 분류된 대상으로 있을 때도 그렇다. 잔여들은 남은 것의 일부로서 우리를 자체 구동하는(bootstrap) 인프라도 될 수 있다. 비록 문화유산 담론이 잔여의 이러한 광범함에 늘 초점을 맞추지는 않았지만 말이다. 잔여로 무엇이 남아 있느냐는 물음은 그것이 어디에 남아 있느냐는 물음이기도 하다. 어떤 장소들이 잔여와 관련이 있을까? 잔여는 어떤 종류의 기억 기관에, 또 잔여에 관여하는 어떤 종류의 실천에서 찾아볼 수 있을까?

너무 당연하게 들릴 수 있지만, '잔여'는 그 파악하기 어려운 속성에도 불구하고, 혹은 그 속성 때문에 미디어 이론의 관심을 끄는 난해한 단어다. 이 단어는 '구식

'institution'은 제도와 기관 둘 다를 의미한다. 따라서 이 글에서는 맥락에 따라 이 두 단어 중 하나로 옮겼다. 일반적으로 제도는 인간 집단 사이에서 정해진 규범이나 법률 등을 의미하고, 기관은 그것을 지키는 인간 집단이 모인 조직이나 단체 등을 의미한다. 이 글에서 파리카는 물리적 공간과 상황의 맥락에 초점을 맞추므로, 'institution'은 제도를 실행하는 기관의 의미로 특정되는 경우가 많다.

(obsolescence)’, ‘잔재(residuals)’, ‘버려진(abandoned)’, ‘잊힌(forgotten)’, ‘뒷전으로 밀려난(side-lined)’, ‘잃어버린(lost)’ 등의 비슷한 단어들과 쉽게 연관된다. ‘잔여’는 이러한 외견상 익숙함으로 [우리의] 초점 바깥으로 미끄러지지만, 한편으로 그 고유의 힘을 지니고 있다. ‘잔여’는 다소간 잔여와 마주한 우리의 감각들과 다양한 신체적 상황에 말을 건다. 아콤프라와 매시슨이 작품의 주제인 청각적인 것의 잔여를 우리가 들이마시는 공기 중에 응축된 수분처럼 파악하기 어려운 것으로 보면서 그에 접근한 것은 당연하다. 안개, 박무, 다양한 종류의 막, 자체의 힘으로 유령같이 투영된 표면들은 그 자신의 물질적 일시성을 잔여로 남은 것에 부여한다.

때로는 제자리에 있지 않아 보일지라도, ‘잔여’는 명령어로서 자리의 강제를 의미하기도 한다[‘남아 있어!(remain!)’]. 그러나 대개 ‘잔여’는 작은 파편과 잔재의 조각들이 원래의 자리에 남아 있지 않고 멋대로 움직인다는 것을 암시한다. 사물들이 흐릿하게 보이는 것은 당연하다. 사물들은 흩어지면서 방해하고 빠져나가고 미끄러지고 사라진다. 잔여는 자리를 벗어난 것처럼 보이지만, 나머지의 자리가 존재한다. 게다가 미디어고고학 같은 인문학 분야에서 개념으로서 또 실천으로서 '잔여'는 물질적 공간성을 지닌다. 아카이브적 잔여[유물]는 언제나 위상(topology)[공간 배치·구조]을 갖는다. 아카이브적 잔여는 [어떤] 장소에 자리하고 있다(Schneider, 2011: 107-108 참고). 또한 대체로 잔여(들)에는 동시대 디자인과 지금의 인프라에 관해, 과거와 구식화에 관해 폭넓게 질문하면서 접근할 수도 있다. 잔여는 어디에 남아 있고, 누구를 향해 남아 있고, 어떻게 관계 맺기를 요구하는 능동적 존재로서 남아 있는가? 잔여로 남는다는 것은 남겨졌다는 수동적 상태에 그치지 않는다. 시간성이라는 쟁점뿐 아니라 문화적 현실의 생산이라는 쟁점을 사유함으로써 잔여는 능동적 관계가 될 수도 있다. 나머지란 구식에 불과할까, 아니면 그보다 조금 더 살아 있는 것일 수 있을까? 미디어 이론가나 아카이브 연구자가 잔여(들)에 대해 제기했던 문제에 퍼포먼스 이론가와의 긴밀한 대화가 득이 될 수 있는 이유 또한 여기 있다(이 책 슈나이더의 글; Schneider, 2011 참고). 리베카 슈나이더는 '탈피하는 미디어(slough media)'에 관해 이야기한다. 탈피하는 미디어는 사람과 사물 둘 다에서 그 내부활동(intra-activity)

적인 몸체와 물질적 맥락이 잔여로 남겨지는 작용을 가리키기에 적합한 지속적인 개념이다.

잔여 개념이 얼마나 걷잡기 어렵고 쉽사리 새어 나가는지 알지만, 일단 정리해 보기로 하자. '**잔여(들)**'라는 용어는 그 자체로 상당히 재귀적인, 나머지의 중요한 예시다. 잔여(들) 개념은 모든 보편 분류 체계(universal classification system)의 난점을 상기시킨다. 보편 분류 체계는 모호함 없이, 그리고 (배제되어 있거나 매끄러운 인식론적 일관성을 중첩하고 교란하는) 나머지 없이 가동한다고 가정된다. 이러한 보편 분류 체계가 계획된 적이 없지는 않다. 과학과 미디어의 역사에는 나머지를 제거하며 세계의 지식을 망라하려 한 다양한 인식-신학적 견해로 읽힐 수 있는 그런 계획들이 있었다. 그 계획들은 아리스토텔레스부터 중세와 르네상스의 인물들에게서 나왔으며, 여기에는 라몬 율(Ramon Llull), 조르다노 브루노(Giordano Bruno), 백과사전 전문가 요한 하인리히 알스테드(Johann Heinrich Alsted), 신지학자 얀 아모스 코메니우스(Jan Amos Comenius), 17세기 사제이자 철학자인 존 윌킨스(John Wilkins)가 포함된다. 또 플로리안 크라머르(Florian Cramer)가 상기하듯 오늘날 시맨틱웹(Semantic Web)#의 온톨로지 체계도 이러한 시도의 연장선상에 있다(Cramer, 2013: 93). 범주화 시도를 연구하는 미디어고고학이 있고, 그에 따라 (실패로 인식되든 그렇지 않든) 실패로 돌아간 범주들을 연구하는 총체적인 미디어고고학도 있다.

호르헤 루이스 보르헤스(Jorge Luis Borges)는 상상의 중국 백과사전 ≪은혜로운 지식의 천상 제국(Celestial Empire of Benevolent Knowledge)≫에 대한 우화에서 다양한 역사적 분류 체계 사례를 비꼰 것으로 유명하다. 이는 동물에 대한 장황한 이야기다. 잘 알려진 목록이겠지만 다시 상기해 보자.

그 모호함, 과잉됨, 결함 들은 프란츠 쿤(Franz Kuhn) 박

시맨틱웹은 월드와이드웹을 개발한 것으로 잘 알려진 팀 버너스리(Tim Berners-Lee)가 21세기 직전 제안한 용어다. 직역하자면 '의미론적인 웹'으로, 정보 데이터 간의 의미적 상호관계를 형성하고 정보 처리 능력을 향상하는 데 주안점을 두며 컴퓨터 간 상호 소통을 꾀하는 일종의 언어 기술을 말한다. 시맨틱웹의 대표적 표준으로는 자원기술프레임워크(Resource Description Framework), 웹온톨로지언어(Web Ontology Language) 등이 있다.

사가 ≪은혜로운 지식의 천상 제국≫이라는 제목으로 특정 중국 백과사전에 부여했던 속성들을 떠올리게 한다. 각기 구분된 장으로 쓰인 동물들은 이렇게 나뉜다. "(a) 황제에게 속하는 것 (b) 향기로운 것 (c) 길들여진 것 (d) 식용 젖먹이 돼지 (e) 사이렌(인어) (f) 신화에 나오는 것 (g) 풀려나 싸대는 개 (h) 지금의 분류에 포함된 것 (i) 미친 듯이 나부대는 것 (j) 수없이 많은 것 (k) 아주 가느다란 낙타털 붓으로 그린 것 (l) 기타 (m) 방금 항아리를 깨뜨린 것 (n) 멀리 파리처럼 보이는 것."#(Cramer, 2013: 94에서 재인용)

이러한 예시는 모든 범주화와 그 나머지가 언제나 생성 중에 있다는 사실을 적절하게 보여 준다. 분류와 그 나머지는 지식이 결정화하고 군(群)으로 묶이며 조직되고 정의되는 역사적 맞물림으로 일어날 뿐 아니라 지식 형성에서 그 특정한 가동 조건이 무엇인지 묻는 질문 또한 야기한다. 잔

다음 국역본에서 재인용. 미셸 푸코 지음, 이규현 옮김(2012). ≪말과 사물≫, 7쪽. 민음사.

여는 잔여로 남지 않은 것, 포함과 배제의 경계를 결정하는 것과 늘 관계한다. 미셸 푸코(Michel Foucault)가 이를 다루었고, 크라머르 역시 그러했다(Cramer, 2013: 96). 크라머르는 이러한 인식론적 모델 혹은 생산이 시맨틱웹의 맥락과 모든 지식 체계의 배후에서 가동한다고 보았고, "주관적이고 다양하고 문화적으로 이견이 나뉘는 포크소노미(folksonomy)#적 방식을 제외하고, 컴퓨터 데이터 구조 안에서 매핑"될 수 있는 것과 없는 것이 무엇인지 환기했다.

범주화라는 악몽 그리고/또는 범주화에 대한 집착 외에도, '잔여'라는 용어가 띠는 미묘함에 주의를 기울일 수 있다. 잔여가 문화와 미디어에 대한 우리의 이해에 다양한 방식으로 무엇을 **행하는가**에 주목하면, 자크 데리다(Jacques Derrida)로 하여금 자부심을 느끼게 하고 푸코로 하여금

포크소노미는 정보아키텍처 전문가 토머스 밴더 월(Thomas Vander Wal)이 제안한 용어다. 사람들(folks)이 웹상에서 특정 정보에 직접 키워드나 태그 등을 달아 형성된 새로운 분류 체계로, 전통적 분류법인 '디렉터리'와 차별화된다. 이와 관련한 국내 연구로는 다음 논문을 참고할 것. 이정미(2007). "폭소노미의 개념적 접근과 웹 정보 서비스에의 적용". ≪한국비블리아학회지≫, 18(2), 141-159쪽.

성취감에 기분 좋아하게 하며 그들 스스로 이렇게 생각하게 할 수 있을 것이다. "그들[데리다와 푸코]은 아카이브뿐 아니라 무엇이 배제되었는지, 무엇이 범주를 거스르고, (잔여와 잔여가 아닌 것 그리고 나머지가 무엇인지를 실질적으로 정의하는) 문화기술(cultural techniques)을 보여 주는지에 관해 진지한 관점을 취했다. 문화기술은 실질적으로 무엇이 남는지, 무엇이 남지 않는지 그리고 나머지가 무엇인지 정의한다." 잔여는 이중적 의미를 띤다. 잔여는 아카이브되고 영속적인 유산이기도 하지만, 범주나 아카이브에서 제외된(left out) 것이기도 하다. 다시 말해 '잔여 하다(to remain)', '나머지'는 역설적으로 남겨진 것으로 인정된 것과 인정되지 않은 것 둘 다를 의미할 수 있다. 아울러 이는 아카이브의 선험성이라는 핵심 문제다. 아카이브가 그 자체로 역사적인 것이자 역사를 지배하는 조건으로 여겨진다는 의미에서 그렇다. 즉 [아카이브는] 남겨진 무언가를 쓰는 조건이면서, 자기 자신을 [인식 바깥에 있었던] 나머지의 문턱값을 인식론적으로 정의하는 것으로서 자체 설정한다(Winthrop-Young, 2015: 145).

아카이브의 미디어 인식론적 조건에 대해 시간을 더 들

여 설명할 수도, 더 많은 장을 할애할 수도 있다. 지식의 조건으로서 이러한 아카이브적 조건에 관한 문헌들도 풍부하다(예를 들어 Derrida, 1995; Ebeling & Günzel, 2009; Eichhorn, 2013; Ernst, 2013; Schneider, 2011 참고). 이와 같은 문제를 아카이브의 논리에 따라 가동하는 식민권력의 양상을 보여 주는 것으로 풀어내는 맥락도 있다. 앤 스톨러(Ann Stoler)는 ≪아카이브의 결을 따라서(Along the Archival Grain)≫에서 식민기관의 무자비한 가동과 아카이브가 사회적 범주들을 생산하는 데 관여하는 방식을 유려하게 상술한다. 구체적으로 스톨러는 네덜란드 제국주의자들이 그들의 식민적 아카이브에서 파악하기 어렵고 분류될 수 없는 물질들을 취급한 방식을 전면으로 다루었다(Stoler, 2009: 1).

> 불확실한 지식으로부터 이해 가능(intelligibility) [여부를 가르는] 격자가 세워졌다. 동요와 불안은 사건과 사물의 이례적인 면들을 감지한 것이다. 인식론적 불확실성은 모든 것이 정연하다는 제국의 자만심을 거듭 뒤흔들었다. [제국의 자만심이 생긴 것은] 문서가 사람들을 분류했고,

지시가 제대로 수리되었고, 식민지 공무원들이 기록을 기초하고, 회람하고, 엄격하게 보관하고, 때로는 잿더미로 만들도록 교육받았기 때문이다.

스톨러의 책은 복잡한 정보를 취급할 때 범주화가 효과적인 방법임을 보여 준다. 이해 명료성에 입각한 체계를 만들고, 접근 불가한 일급기밀로 범주화하는 두 면 모두에서 말이다. 이는 체계 합리성의 정당성에 반할 수 있는 나머지와 문제적 조각들을 감추는 방법이라고 할 수 있다.[1] 특정한 개별 문서는 아카이브에서 특정 위상에 속해 기록되도록 자신을 내주는 것의 역사를 추적한다. 그렇다면 어떤 것이 소수자와 대타자의 "잃어버린 역사들"(Schneider, 2011: 99)인가?

포스트식민주의적 분석의 중요성, 그리고 '잔여'를 논제로 삼을 때 끊임없이 남는 미디어 인식론적 물음들, 또 이를테면 조금 뒤에 다룰 미디어고고학적 함의들을 염두에 두면서 잔여라는 용어를 운용하고자 한다. 잔여를 능동적인 형성, 상황화된(situated) 실천으로 대한다는 것은, 잔여가 제도적 맥락과 예술·큐레이터적 담론과 인프라 파이프라인과 미디어고고학적 기술(techniques)에 흩어져 있음에도 그런 것으로 대한다는 것은 어떤 의미일까? 나는 '잔여'라는 용어가 [우리가] 잔여와 만나는 상황화된 실천에 열려 있다는 결론으로 그 개념을 이끌고자 한다. 이 지점에서 퍼포먼스 연구와의 교류가 특히 유익해진다(다시 이 책 슈나이더의 글 참고).

잔여의 조건들에 초점을 맞추는 것은 수행적이고 체화된 차원 외에도 사물이나 문서의 현전 개념을 시간의 다중성으로 확대해 생각하는 방법이다. 잔여는 오래된 것과 새로운 것이라는 선형적 기준에 깔끔하게 들어맞지 않는다. 리사 파크스(Lisa Parks)가 일찍이 지적했듯 이러한 이분법은 미디어 역사에 대한 만족스러운 접근법일 수 없다(Parks, 2007). 우리는 이분법이라는 선택지 대신 나머지라는 긴요한 문제를 **헤테로크로니아**의 지형을 그리는 미디어학으로 다뤄 볼 수 있다(Winthrop-Young, 2015 참고). 헤테로크로니아는 미디어고고학 이론이 도입한 다중적 시간성, 그리고 더 넓게는 미디어 문화를 정의하는 다중적 시간성을 일컫는 용어다. [다중적 시간성이 특징인 동시대 미디어 문화로서의] 상황은 오래된 것과 새로운 것으로 논하기에는 너무나 복잡하다. 헤테로크로니아는 잔여가 어디에 있는지에 관한 물음이기도 하다. 그저 형식적인 인식론적 존재론에 관한 물음이 아니다. 헤테로크로니아는 아카이브 논의를 재탕하는 것을 훨씬 뛰어넘어, 위치성(locatability)과 분산된 잔여에 대해 묻는다. 헤테로크로니아는 디자인과 물질문화에서의, 그리고 행위 된 상황(actioned situation)으로서 잔여의 쟁점이 되었다. 이 관념은 서류와 아카이브에 관한 코르넬리아 비스만(Cornelia Vismann)의 미디어 역사관에 여러모로 영향을 받았고, 아카이브가 사실(fact)을 쓰는 데 그치지 않고 사건과 현실을 생성하며 서류와 사실을 수행한다고 주장하는 크누트 에벨링(Knut Ebeling)의 영향도 받았다(Ebeling, 2007: 112-113). 이 유형의 수행성 또한 점차 이 글의 중심 주제가 될 것인데, 이로써 [이 글은] 수행성이 단일 주제를 넘어서는 규모로 이행할 것이다. 잔여가 있거나 행동을 요구하는 인프라적 상황으로는 어떤 것이 있을까? 아카이브는 어디서 생성되며, 역사의 현장은 어떻게 아카이브와 도서관에서 벗어나 실험실[연구소] 그리고 잔여에 관여하는 또 다른 장소로 바뀌는가? 과거를 다시 작업하는 일은 아카이브

[그림 1.1] <아카이브 공간(Archive Space)> 전시 이미지, 제인 버킨(Jane Birkin) 기획. 사우샘프턴대학교 하틀리도서관(Hartley Library)의 특별컬렉션(Special Collections) 소유.

를 다르게 상상하는 실천 기반의 조사가 되고, 이 상상의 아카이브는 지식의 분류학적 범주·규율을 빠져나가는 그 무엇으로서 그것의 존재 조건을 노출한다.

이 글은 세 부분으로 전개된다. 먼저 '잔여(들)'에 대한 개념적이고 미디어학적인 질문들 간의 관계를 간략하게 소개하며, 뒤로 가면서 잔여에 관한 사변적이고 상황화된 발상으로 논점을 이동할 것이다. 글의 마지막에 다다를 때 우리는 잔여의 이동성으로 되돌아간다. 이로써 명령어인 '남아 있어!(remain!)'는 공간성, 시간성, 상황, 장소에 대한 함의를 복구할 것인데, 그러기 위해 이를 디자인·예술의 실천과 동시대 문화의 맥락에 놓을 것이다. 이에 더해 이 글에서는 일련의 이미지들이 등장하는데, 이 이미지들은 한편으로 대화의 일환에 있는 예술·큐레이토리얼 기획을 가리키면서 다른 한편으로 그 자체로 고유한 주장을 서술한다. 이들 이미지는 잔여가 있는 지점을 인프라, 실천, 유지 관리, 시간적 지속으로 표시한다. 그것들은 잔여를 나타낸 이미지 그리고 잔여를 남기는 이미지다.

미디어의 잔여

나머지는 어떤 면에서 (기술적) 미디어와 다소 비슷하다. 잔여는 [그것이 유래된] 원본으로 추정되는 것의 빈곤한 복제가 아니며, 이미 그 자체로 고유한 지속과 존재를, 고유한 논리와 시간성을 지닌 사건이고, 그 자체로 일련의 상황과 사건의 일부다. 잔여는 사라진 무언가의 지점을 그저 표시하는 것이 아니라 그 자체의 생성적 힘으로 작용한다(이 책 슈나이더의 글 참고). 추정되는 원본 대신, 데리다적으로 잔여를 이야기할 수 있다. 잔여는 이미 그곳에 있었다고, 이미 원본으로 되돌아가기 어려워졌다고 말이다. 잔여는 단순히 부차적인 것이 아니며, 다른 시간 영역으로 향하는 일차적 진입구다. 그것은 여전히, 아주 기이하게, 계속해서 여기에 있는 사물이면서 또 그 이상이기도 하다. 다시 중심이 된 잔여(re-main)의 출현은, 그것을 완전하게 드러나지 않는 [원본의 부차적인] 흔적으로 여기고 싶을지라도, 일차적인 것으로 받아들여야 한다(Derrida, 2005: 151). 잔여를 성립시키는 것은 잔여를 배태하는 자리가 되는 곳이기도 하다. 이는 단순한 유령적 현전이 아니라 역사가 일어나는 원리다. 슈나이더가 데리다에 기반을 두고 설명하는 것처럼 "'역사'를 일련의 퇴적된 행위들로서 읽는다는 것, 그것은 그 자체로는 역사적 행위가 아니고 역으로 모든 사건을 확고히 하는 행위(기억을 확고히 하는 반복된 행위)다. 이는 의례적 반복으로 역사의 현장을 재고하기 위함이다"(Schneider, 2011: 104). 이 장소는, 특정한 반복들이 아카이브, 잔여, 존재에 체화된 수행적 차원으로 일어나는 중심 무대가 된다.

데리다의 ≪아카이브 열병(Archive Fever)≫의 요지와 잔여에 관한 이 외의 여러 사유를 감안하면서, 우리는 또한 잔여의 넘쳐흐르는 물질성에 관여하는 몇 가지 다른 방법들에, 그리고 그것이 현실화된 것보다 더 많이 촉발할 수 있는 다양한 상상들에 접근해야 한다. 잔여에는 아카이브적 장소에 상응하는 것 그 이상이 있다. 잔여에는 반복이 자체 구동(bootstrap)되고 있다. 이러한 반복의 자체 구동이 나머지이자 잔여인 어떤 것이 애초에 삽입된 채로 일어나는 연속적 생성이라는 강력한 전제를 이룬다. 원본이 결코 그대로 남지 않고 증식하며 흔적을 남기는 것은 존재론적-인식론적 도전이 되었다. 이를 강조하는 것은 잔여를 단지 잔류물이나 감산된 것으로 보는 관념 그리고 시간의 선형적 힘에 대한 모든 가정을 트집 잡으려는 데리다적 욕망의 일환이다. 우리는 나머지에 대한 물음에서 출발함으로써 사실상 거기에 원래 있었던 것이 무엇인지 그리고 추정된 원본에서 뭐가 남았는지 묻는 대신, 어떻게 그러한 분리와 구별과 외견상 차이가 생성되는가라는 더욱 근본적인 의미를 묻는 문제로 이미 들어섰다. 남아 있는 것, 그리고 여기 이 자리에 있는 것은 그 자체로 문제를 일으킨다.

미디어 연구의 흥미를 대거 자극해 온 것이 미디어의 잔여 말고 또 무엇이 있겠는가? 문화적 결정(determination)의 감추어진 층들과, 범주화의 인식론적 구조를 가동하는 권력을 밝히려는 열의는 크고 지속적이었다. 그 열의는 종종 미디어고고학이란 이름으로 등장한다. '미디어고고학'은 잔여가 전면적으로 남아 있는 광범한 분야를 연구하기 위한 용어로, 새로운 것을 시급하게 다루는 경향을 여전히 지속 중인 여러 다중의 시간성과 엮어 문제 삼는다. 이 다중의 시간성에는 오래된, 구식의, 희미해지는, 느리게 나타나는, 평행한, 되돌아온 시간, 심원한 시간, 선형적 역사로 환원되지 않는 시간이 있다. 정말 많은 시간들

이 존재한다. 정신분석학적 인식론에 영향을 끼쳤던 고고학적 개념(Elsaesser, 2011)은 아카이브 관련 논의와 함께 미디어 방법론의 맥락에서 계속 큰 비중을 차지한다. 비비언 섭책(Vivian Sobchack)은 이러한 상황을 '초역사(trans-historical)'가 미디어 문화를 대하는 특정 접근법 그리고 잔여와 관련된 상황을 이해하는 미디어 연구의 분석적 방법을 가리키는 단어가 되었음을 증명하는 사례로 삼았다(Sobchack, 2011). 미디어 문화의 잔여라는 상황 속에서 "역사가 남긴 나머지들을 … 처리하고 측정하고 수집하며 그에 초점을 맞추는"(Sobchack, 2011: 324) 실천이 미디어 고고학이라는 광범한 분야를 통합하는 틀로서 중요해졌다. 미디어고고학이 잔여를 다루는 방법은 당연히 아주 많다. 잔여(들)는 각각의 방법으로 도래한다.

예를 들어 나머지는 수학, 특히 회계학에서 담당한 역할 면에서 그 자체로 미디어 역사의 일부다. 마르쿠스 크라예프스키(Markus Krajewski)가 지적했듯 15세기 서유럽 언어들은 라틴어 '*restare*'에서 유래한 이 용어를 채택했고, 이 용어는 "순전히 그 논리 덕분에 예상치 못한 나머지가 있을 수 없는 복식부기와 같은 새로운 상업 기술의 확산”(Krajewski, 2014: 196-197)을 더욱 첨예하게 만들었다. 혹자는 남은 것이 곧 역사라고 말하고 싶을 수도 있겠다. 차변(debit)이든 대변(credit)이든, 나머지라면 미디어 인프라의 물질적·비물질적 순환의 일부라고 말이다.

아니면, 잔여와 그 지속성을 숙고해, 특정한 용도의 실천과 형식이 어떻게 외견상 더 대세였던 미디어 실천 혹은 장치에 추월되고 난 뒤에도 유의미하게 남아 있었는지 말해 볼 수 있다. 시각 미디어에 아주 적절한 예시가 있다. 19세기 후반 시네마토그래프 등의 영화 장치가 등장하고 나서도 에밀 레노(Émile Reynaud)의 광학극장이 입지를 지키고 인기를 유지한 사례가 그것이다(Strauven, 2011: 162n21; Crary, 1999: 266). 마찬가지로 레노의 광학극장은 무빙 이미지 오락물에서 손으로 크랭크를 돌리는 구식의 촉각적 방식을 없애지 않았다(Strauven, 2011: 157). 시청각을 연구하는 고고학자들이 훨씬 큰 규모로 해 왔던 연구에서 빌려 온 이 일화는 미디어들이 평행한 삶을 살고 있음을 이미 보여 준다. 이 평행한 삶은 미디어의 오래됨이나 새로움[으로 갈리는 것]이 아니라, 여러 미디어가 중첩되어 있는 다중 리듬을 드러낸다. 이를 다음과 같이 더 광범한 지리적 물음으로 확장할 수도 있다(이후에 특정 방법으로 이 물음으로 되돌아올 것이다). 오래된 것은 어디에 있을까? 새로운 것은 어디에 있을까? 구식으로 여겨지는 무언가가 어느 곳에서 여전히 사용될 수 있을까?(Elsaesser, 2016 참고)

잔여는 때때로 후대에 남겨진 아카이브 문서기도 하고, 때때로 평범하지만은 않은 것이기도 하다. 우리가 항상 실감하지 못하는 잔여의 예시들도 있다. 1871~1946년에 프로이센과학원(Prussian Academy of Sciences)이 특별 기획한 <무가치한 공공 공모(Worthless Submissions from the Public)>에 기록된 아이디어들이 그것이다. 그 아이디어들은 딴 길로 샜고, 개중에는 웃음거리가 된 것도 있다. 하지만 그것들은 과연 과학문화의 창발에서 쓸모없는 잔여일까? 마르쿠스 크라예프스키가 베를린-브란덴부르크과학원 아카이브에 소장된 이 컬렉션에 대해 말했듯, 그것은 과학의 대중적 참여에 대한 일종의 평행 역사를 보여 준다. 이 컬렉션은 지구 이론, 중력 이론에 비주류적으로 접근하는 야생의 진동으로 가득해, 불가능한 미디어로 이루어진 아카이브 혹은 그저 형편없는 발상으로 이루어진 아카이브가 어떤 모습일지를 암시한다. 아니면 그것은 사변적 컬렉션(speculative collection)의 초기 방식일까?(Nowviskie, 2016)

잔여를 주제적·방법론적으로 다루는 미디어 연구 방법의 다양한 예시들을 계속 열거할 수도 있지만, 여기서는 과거와 현재의 미디어 문화를 다루는 방법론적 탐구의 중심에 놓인 잔여의 물질적 사례에 더 주목하려 한다.

환언하자면, 잔여는 아카이브된 문서라는 의미에서, 혹은 미디어 형식의 지속성에 관한 서사화된 관심으로서 단순히 아카이브적인 것에 그치지 않는다. 잔여는 물질적인, 구체적이고 만질 수 있는 감각적 대상이자 사물이다. 잔여(들)와 나머지에 대한 모든 고려는 그것이 이루어지는 더 광범한 환경 혹은 생태를 아울러야 한다. 2016~2017년 사우샘프턴대학교 하틀리도서관에 위치한 '레벨포갤러리(Level Four gallery)'에서 열린 전시의 주제는 물질적 실재로서 아카이브였다. 전시에서는 이 주제가 실제 대상의 바깥에 있는, 온도 등을 포함한 공간적 설정으로서의 환경 조건으로 제시되고 크게 확장되었다. 예술가이자 연구자인 제인 버킨이 기획한 작은 사진 전시 <아카이브 공간>의 특징은 [흙, 물, 공기, 불이라는] 4원소[요소]의 공간적·제도적 버전을 선보였다는 것이다. 이 요소들은 고대 그리스를 향한 신화적이고 향수 어린 열망 대신 잔여가 지속되기 위해 필요한 특정 행동유도성(affordance)으로 드러났다. 귀중품 보관실, 보존 부서의 습식 스튜디오, 연기 감지 시스템, 휘발성 사진 네거티브의 냉동실 보관이 그것이다. 심지어 아카이브는 환경이다. 여러 구체적인 방식으로 그렇다. 외관상 개별적인 아카이브 대상의 퍼포먼스가 이미 여기서, 이러한 아카이브하는 노동이라는 인프라적 확장에서 시작되었잖은가?(Birkin, 2015 참고) 나머지를 대상으로 물신화하는 것에서, 더욱 흥미로운 경로는 대상을 규제하에 지속적으로 주시하는 데 필요한 노동과 에너지가 있는 무대 뒤편(backstage)이다. 혹은 간단히 말해 모든 기록보관소, 박물관, 도서관은 지속적으로 꼼꼼하게 노동력이 투입돼 관리되고 있다. 추후 이 쟁점을 인프라의 문제로, 또한 잔여(들)의 또 다른 환경적 맥락을 형성하는 것으로 보이는 기술문화에서의 구식 동면 재고들(obsolete hibernated stocks)의 맥락에서 다시 다룰 것이다.

당연히도 우리는 문화유산의 장소가 대상의 장소이자

[그림 1.2] <아카이브 공간> 전시 이미지, 제인 버킨 기획.
사우샘프턴대학교 하틀리도서관의 특별컬렉션 소유.

[그림 1.3] <아카이브 공간> 전시 이미지, 제인 버킨 기획. 사우샘프턴대학교 하틀리도서관의 특별컬렉션 소유.

대상을 위한 장소임을 알고 있다. 과거에 접근하는 디스플레이 진열장 방식은 애초에 박물관이 미디어 환경으로 출범했을 때의 방식이었다. 역사와 엮이면서 또 거리를 두는 무대로서의 그 공간에서 응시와 감상은 그 공간에서 수행되어야 하는 대로 수행되는 특정 제스처였다. 이러한 제스처는 학습된 정동적 태도였으며, 디오라마, 쇼핑 아케이드, 백화점으로 이어지는 것들을 새로운 시선 테크닉과 연결했다(Henning, 2006: 5-36). 동시에 이들 제스처는 교육적 가치라는 국민국가의 특정 기능을 내재하기도 했다. 미셸 헤닝(Michelle Henning)의 설명처럼(Henning, 2006: 46-52) 디오라마는 사회사·자연사의 시각적 스펙터클을 생산하는 장소인 동시에 교육의 장소였다. 이러한 가시성(visibility)은 마치 시간이 멈춰 있는 것처럼 보이도록 유지 관리되는 방식을 포함했다. 시간은 사진 스냅숏으로 매개되었고, 여기서 방문객은 장면을 감상하는 관람자가 되어 상상적 과거를 눈앞에 펼쳐진 상황으로 맞이했다.

디스플레이, 스펙터클, 보기, 응시하기, 감상하기의 미디어 환경으로서, 그리고 인프라와 공간 통제 및 노동의 매개된 환경으로서 문화적 유산의 **장소들**에 초점을 맞춘다면, 우리의 시선은 잔여를 보는 특정 방식에 집중하기 시작한다. 여기 이 장소는 이를 가능하게 하는 모든 역학에 일조하게 된다. 이는 잔여가 남아 있고 증식하고 형태를 바꾸는 **상황들**이, **심지어 행동이 된 상황들**이 재배치된다는 것을 고려한다는 뜻이다. 미디어고고학과 미디어 연구는 물질적 잔여를 탐구함으로써 전시 기획 및 컬렉션의 실천 그리고 공간과 연결될 뿐 아니라 동시대 고고학적 방법들과

도 연결된다. 다시 말해 '오래된' 미디어 문화의 잔여를, 범주화라는 인식론적 쟁점에만 국한되지 않은 방식들로, 장소 특정적이고 공간적인 상황으로 만난다. 이는 공간과 상황을 바라보는, 또한 밀봉(containment)[외부와는 분리된 개별 세계로서의 상태]을 유지하며 외부를 그 구성에 포함해 행위 하는 확장적 관계망을 바라보는 방법이다.

일부 미디어학적 접근 방식들은 현전하는 과거의 문제를 다루는 또 다른 방안으로서 기념물(monument) 개념을 통해 논의의 물꼬를 텄다. 이 접근법은 과거에서 남은 나머지가, 동시대의 특정 상황과 만났다 하더라도, 우리와 함께하는 실제 과거임을 강조한다. 볼프강 에른스트의 미디어 이론은 푸코가 일찍이 제시한 의미에서의 기념물로서 지속되는 미디어 문화적 대상 및 장치를 강조하는 하나의 예시다. 푸코의 사상은 자주 은유적인 고고학으로 둔갑되지만, 여전히 문화의 물질성을 다루는 논의에서 큰 부분을 차지한다. 담론에 미치는 영향뿐 아니라 더욱 광범한 비(非)담론적 상황, 기관, 조건 들은 넓은 의미에서 이 '고고학'의 핵심이다. 그것[고고학]은 동시대 미디어 문화의 인공물을 과거에서 잔류한 것으로 보도록 촉발한다. 이는 과거의 인공 유물을 죽은 미디어(dead media)로 보는 것과는 조금 다르다. 이들 유물은 늘 괜찮은 상태는 아니어도, 여전히 살아 있다. 에른스트는 이러한 물질성이 고고학자와 미디어고고학자가 공유하는 관심사임을 강조하려 한다. 이는 미디어고고학이 서사적 양식과 방법론 양면에서 역사로부터 거리를 두면서 고고학적 담론에 가까워지는 방법이다.

에른스트에게 고고학이란 역사와는 대조적인 여러 방법으로 이루어지는 접근법이다. 그것[에른스트의 고고학]은 기억의 서사화된 형태 혹은 '과거', 심지어 흔적으로 부활한 것에 초점을 맞추지 않는다. 그 대신 가까이 있고 어떻게든 계속 우리에게 근접해 있는 것들을 중시한다. [고고학은] 소위 오래된 미디어에 초점을 자주 맞추고 그것들을 수집하지만(곧 살펴볼 논제다), 아카이브가 아니라 이러한 이해가 불러일으키는 인식론적 조건을 가장 강조한다. 에른스트는 이렇게 말한다(Ernst, 2013: 57).

> '역사적인' 미디어 대상은, 그 외부 세계가 사라져도 계속 기능만 하면 근본적으로 존재한다. 대상의 '내부 세계'는

계속 가동한다. 고전적인 고고학자와 미디어고고학자 모두 문화적 하드웨어, 즉 고대 대리석에서 전자기계 공학 제품에 이르는 그 인공 유물에 매혹되었다. 이 두 접근법 모두 사물의 기초(*fundamentum in re*), 즉 그저 존재하는 것만으로 역사적 거리를 해제하는 물질적 대상의 강경한 저항성에 기반한다.

근접성의 이득을 위해 [역사적] 거리를 해제하는 데 초점을 맞추는 것을 포함한 이러한 인식론적 입장은 대상에 접근하는 몇몇 실천들과 지지 조건들에서 가장 분명하게 드러난다. 따라서 나는 이론적 관심사를 단순하게 분석하는 것이 아니라 "응용 미디어 이론(applied media theory)" (O'Gorman, 2012)의 형식으로서 이러한 주장이 공간적 상황으로 펼쳐지는 것에 관심이 있다. 어떻게 미디어를 분석하는 기존의 용이한 접근법 대신 지속적이고 때때로 사변적인 컬렉션을 통해, 잔여를 미디어 연구의 대상으로 삼아 잔여가 활성화되어 있고 재설정 가능하며 심지어 현재에도 가동하는 상황을 창안할 것인가? 그것[잔여가 작동하는 상황]은 어디에서 비롯하고 어떤 상황이 되는가? 근접성과 현전에 대한 관념을, 데리다가 경고했던 유형의 오류에 빠지지 않고 능동적·역동적·물질적 관계로 펼칠 수도 있다[이 관계는 이 글 후반부에 사변적 컬렉션 개념으로 구체화된다(Nowviskie, 2016)]. 그렇다면 그 배경을 이루는 것은 무엇인가? 이러한 이론적 주장에서의 조건들을 이해하는 방법으로서 기술의 과거에서 남은 잔여를 고고학적 대상으로 만나게 하는 창조적 인프라 현장의 역할에 주목하는 것은 꽤 중요하다. '미디어연구소(Media Studies Institute)' 지하의 MAF(Media Archaeological Fundus)는 그러한 현장 중 한 곳이다. 같은 건물 상층에서 상보적 작업을 하는 '시그널랩(Signal Lab)'도 언급해야겠다. 두 곳 모두 잔여(들)가 공간에 놓이는 상황에 일조하고 있다. 은유적 의미에서도 기저부(fundus)#에 위치한 MAF부터 살펴보자.

에른스트의 말에 따르면 MAF 설립은 미디어 연구 학과장이 취임하면서 벌어진 기관 변화 및 방향 재수립과 관련

'fundus'는 속이 빈 신체 기관의 가장 깊은 부분, 대개 안저(眼底)를 지칭하는 해부학 용어다. 한편 독일어로 'Fundus'는 창고, 자산, 무대 소품, 기반 등을 의미한다.

[그림 1.4] MAF 초창기 지하실 이미지, 베를린 조피엔슈트라세. 베를린 훔볼트대학교 미디어연구소 소유. 허가받아 수록.

이 있다(Ernst, 2015). 행정적 사건이 공간적 사건과 연동되었다.

2003년 베를린 훔볼트대학교에서 미디어 연구 세미나가 신설되었고,# 그것은 예전의 연극 연구를 대체하는 것이

독일 대학교에서 '세미나'는 국내나 북미의 학제 프로그램에 더 가깝다. 다음 글 참고. Darren Wershler, Lori Emerson, and Jussi Parikka.

었다. 삽시간에 학생이 연습하는 무대 등의 공간과, 리허설에 필요한 물품을 구입하는 자금이 남았다. (커뮤니케이션과 인식론적 테크놀로지의 물질성을 내세우는) 베를린 미디어연구학파가 새로운 지원하에 이 여유분 사용을 요구하기에 이상적인 순간이었다. 무대는 미디어 극장(Media Theatre)이 되었고, 여기서 기술적 장치들은 그 자체로 프로타고니스트가 되었다. 그리고 기저부는 미디어 고고학적 유물이라는 새로운 유형의 요건을 갖춘 컬렉션 공간이 되었다.

퍼포먼스와 연극의 유산은 다른 종류의 관계성으로 이전되고 전치되었는데, 이는 대상을 수반하는 특정한 공간적 실천으로도 이어졌다. 나머지의 공간은 무대이자 미디어고고학적 대상이 남긴 나머지의 배경 설정이며, 여기서 학생, 연구, 각종 활동이 사물과 관계를 이룬다. 이 배경은 수동

2021. "Case Study: The Media Archeological Fundus, Part 1." *The Lab Book: Situated Practices in Media Studies*. University of Minnesota Press. https://manifold.umn.edu/read/chapter-1-lab-space/section/4ddca7b6-cc5b-4ee3-b3e4-243f83509dc4.

적 장면이 아니라 모든 것에 관여하는 능동적 환경이다. 메리 더글러스(Mary Douglas)는 일련의 저작들에서 기관이 어떻게 생각하는지 물었다(Douglas, 1986). 이 물음을 이어 나가 볼 수 있겠다. 컬렉션은 어떻게 생각하는가? 컬렉션, 실험실, 공간적 상황은 어떻게 우리를 생각하게 만드는가?

거리두기는 제도(무엇이 어디에 놓이는지, 사물이 관람자에 얼마나 가까울 수 있는지)를 조직하는 한 가지 형식이며, 기관이 손에 허용한 접촉의 형식이다. 묘하게도 이는 미디어 이론과 관련된 물음도 된다. 다양한 기억 기관과 그 물질적 유산의 맥락에 놓았을 때 특히 그렇다. MAF는 촉각적 지식의 공간으로서 (인지되었든 인지되지 않았든, 명시되었든 방문객이 스스로 깨닫게 두든) 디스플레이 명목으로 거리두기 원칙을 세운 박물관의 기존 실천과는 대조를 이룬다. 에른스트의 이론적 발상들은 분석적 응시의 '차가운 거리두기'를 말하지만, 역설적으로 그 방법론들에는 사실상 미디어를 보고 만지는 체화된 방법들이 담겨 있다. 차가운 거리두기와 수행적 근접하기 사이의 긴장은 그럼에도 생산적이다. 에른스트는 단순한 문서 참조 대신, 분석의 존재 조건인 이러한 분석에서의 구체적인 출처·자원 [(re)sources]에 대해 말을 이어 나간다(Ernst, 2015).

> 학술적인 미디어 분석에서 선생과 학생에게는 가동할 수 있게 허용된 과거 미디어 대상들이 필요하다. 이것이 "만지지 마시오"라는 다수 박물관의 명령어와는 다른 점이다. MAF는 처음 볼 때는 구식 같지만, 한번 미디어 고고학적 눈으로, 귀로, 마음으로 해독되면 반역사적(a-historical)이 되는 핵심 기술 장치들로 가득하다. 전보(telegraphy) 장치는 '디지털'의 시험쇄(*avant la lettre*)로 밝혀졌다. 이는 고전적인 전기 전화와 같은 소위 '아날로그' 신호 미디어의 시대를 능가하는 것이다.

컬렉션은 다양한 외양으로 드러난다. 박물관은 과거에 대해 오직 단 하나의 특정한 제도적 제안으로만 비추어질 수밖에 없다. 창고, 실험실, 스튜디오는 어떤 방식들로 잔여를 상연할 수 있을까? [박물관에서] 방문객은 오직 특정한, 규제된 환경에서만, 가급적 비닐장갑을 착용한 채로(이 책 슈나이더의 글 참고) 만지도록 허용되지만, 역사적 선례와 대안은 대안적 실천 또한 가능하게 한다. 가령 호기심 상자 '분더카머(Wunderkammern)'와 같은 것들은 호르스트 브레데캄프(Horst Bredekamp)의 주장처럼 자연과 인공 사이에서 형태적으로 변화하는(morphing) 관계를 협상하는 방식들이다(Bredekamp, 1995). 기계를 진열장에 넣는 것은 특정하고 역동적인 공간적 실천에서 창발했다. 브레데캄프는 이러한 진열장이 전(前) 과학적 실천과 과학적 실천(실험실 포함)에서 특별한 매개 역할을 했다고 강조한다. 그러나 진열장은 단순히 이종적 대상에 형태를 부여하는 로고스중심주의적 구성 형식이라기보다는 역동적 교환 형식에 가깝다. "특히 자연 대상들이 예술품 및 기술물과 혼재되었기 때문에, 물질의 역사성(그리고 언어적 명명법에 대한 반역사적 로고스중심주의가 아닌 것)이 전달되었다."(Bredekamp, 1995: 110) 어떤 경우에는 이러한 현장이 대상의 역학을 강조하는 실험 공간이 되기도 했다. 그것[전시물]들은 단순한 사물이 아니라 다른 사물, 사건, 변형을 촉발하는 잠재성이다. 이 글의 마지막 부분에서는 최근 유니버시티칼리지런던(University College London, UCL)에서 열렸던 전시 < 결과의 상자(Cabinets of Consequence) >

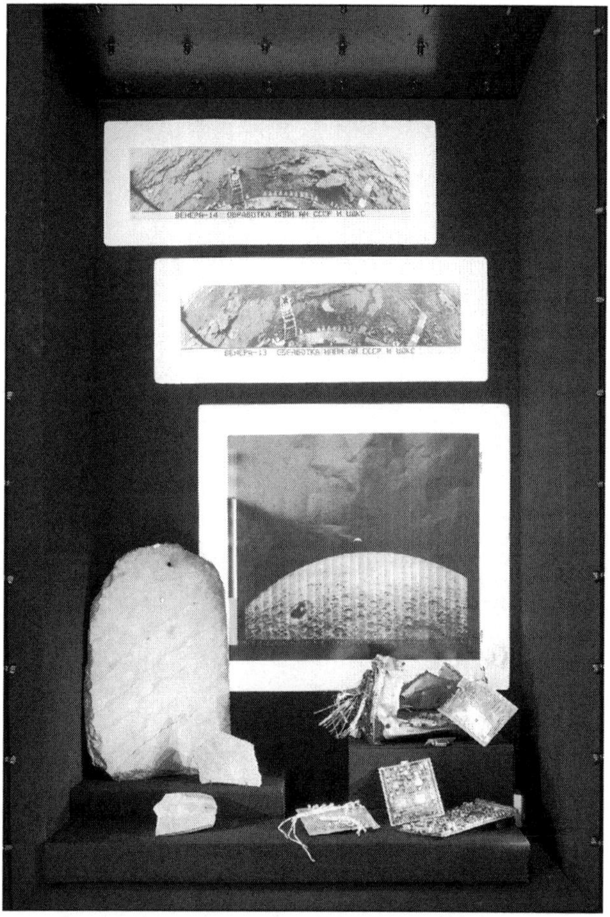

[그림 1.5] 헬레나 헌터(Helena Hunter), 마크 피터 라이트(Mark Peter Wright). <결과의 상자>, 유니버시티칼리지런던 옥타곤 갤러리(Octagon Gallery), 2016. 매트 클레이턴(Matt Clayton) 촬영. 허가받아 수록.

를 다룸으로써 호기심 상자로 되돌아올 것이다. 이 전시는 컬렉션의 시공간적 조건들을 숙고함으로써 어떤 종류의 상상이 생길 수 있을지와 관련해 문화에 남아 있는 나머지를 상연#했다. 여기서 [전시물이 담긴] 상자는 제작의 구성적 연결망을 가능하게 한다.

잔여를 수집하는 컬렉션과 실천에 대해서는, 여러 실험실과 그와 비슷한 곳들처럼 박물관의 이상에서 벗어나 생각하는 것이 중요하다. 이는 대안적 유산을 거쳐 다른 기능들을 보완하는 식으로 생각될 수 있다. 대런 워슐러(Darren Wershler)는 몬트리올에 거점을 둔 자신의 '잔재 미디어 창고(Residual Media Depot, RMD)' 기획을 소개할 때 비슷한 가닥을 취했다. RMD는 딱히 연구실도 박물관도 아니면서, 대학에서 행해졌던 연구 기반 컬렉션이라는 초창기 전통을 이어 나간다. 워슐러의 말처럼 최근 미디어와 인문

이 글은 잔여 관련 예술 작품과 전시 기획을 지칭할 때 '전시하다(exhibit)'라는 표현을 쓰지 않는다. 아카이브, 박물관의 분류라는 제도와 구별하기 위해서다. 그 대신 이 글은 '상연하다(stage)'라는 표현을 통해 지금 여기에서 접촉이 일어나는 수행적 사건을 강조하며 퍼포먼스 연구와 접점을 형성한다.

학 관련 기관은 19세기 대학 교육과 연구의 상당 부분을 정의했던 컬렉션의 초창기 전통을 강조하는 쪽으로 되돌아가고 있다.

> 연구 및 교육 컬렉션은 과학 기구, 광물 시료, 소책자, 일회성 인쇄물, 소비재, 잡지, 건축 모델, 박제, 필름, 조직 시료, 디지털 파일, 장난감, 고고학적 유물 등을 포함하는 (그러나 거기에 한정되지 않는) 방대한 소장품들을 보존한다. (정확히는 도서관도, 아카이브도 아니었던) 대학교 컬렉션의 역사, 구조, 기능은 여러 학문이 생겨나는 과정에 기여했던 역할에도 불구하고 이론적으로 덜 다루어졌고, 그에 대한 이해도 저조하다.(2016년 10월 5일, 개인 접촉)

그러나 많은 경우 오래된 대상, 문화유산과 상호작용하는 이러한 장소는 **실험실**이라고 불린다. 확실히 이 용어는 일반적으로 과학적 실천을 가리키고 거대과학 실험실을 암시하지만, 지난 수년간 인문학적 맥락에서도 점차 더 많이 쓰이는 중이다(Earhart, 2015). 공유 공간을 기반으로 손수 실습법(hands-on)과 팅커링(tinkering), 집단으로 '함께

하기(doing it together)'라는 정신을 펼치는 이 특정하고 소박한 풀뿌리 규모의 실험실 활동은 MAF와 상보 관계에 있는 또 다른 기관 부설 연구소 '시그널랩'에도 해당된다. 슈테판 횔트겐은 "전자, 프로그래밍, 정보·컴퓨터과학 문제를 미디어학의 관점에서 가르치는,… 기술에 '감염된' 인문학연구소"(Höltgen, 2016)가 시그널랩의, 그리고 암시적으로는 MAF의 특징이라고 말한다. 연구 [기반] 컬렉션이라는 특정한 발상이 시그널랩다운 방식에서 강하게 드러난다. 시그널랩의 컬렉션 방식은 미디어 역사적 대상들을 향한 강력한 열광에서 비롯했고, 이는 분명 '레트로' 혹은 심지어 과거에 대한 향수 어린 애착으로 일컬을 수 있다. 그러나 횔트겐은 잔여에 대한 이러한 애착이 향수에 관한 것만은 아니라고 강조하고 싶어 한다. 더 정확하게 말하자면, 향수는 기껏해야 기술에 관여하는 더 큰 비판적 방법론의 일부일 뿐이다.

> 향수는 오래된/죽은/빈티지 하드웨어·소프트웨어를 재사용하는 데 매우 중요한 '첫 촉발'을 일으킨다. 하지만 사용자 대부분은 향수의 느낌이 사라지면 활동을 그만둘 것

이다. 우리는 그런 사용자에게 향수는 딱히 [과거에] 관여하는 동력이 아니라고 말한다. '과거의 매체'를 사용할 수는 없기 때문이다. 장치의 전원이 켜지는 순간 그것은 목전에 완전히 드러나고, 현전한다. 만약 8비트 컴퓨터 '코모도어 64(Commodore 64, C64)'로 옛날 플로피 드라이브와 옛날 게임을 구동한다고 하더라도, 당신은 지금 그 게임을 하고 있는 것이고, 지금 기능하게 만들었다. 그래서 '레트로'라는 용어는 '빈티지 문화'의 증표에 그치기보다는 과거와 현재 사이의 '지름길'이라는 시간의 형상이다. 아마도 향수는 이 지름길에 대해 품는 프로이트적인 (언)캐니[(un)canny]한 느낌일 것이다. 이 지름길에서는 결코 과거로 되돌아갈 수 없고, 과거의 활동을 현재의 지식·문화·기술로 이어 나갈 수 있을 뿐이다.

촉발의 차원에서 생각해 보면 행위, 수행, 체화된 관계, 관여, 개입, 손수 실습 연구는 그저 표면상 빈티지가 아니라 물질적 과거를 가동하는 방식을 시사한다. 나머지가 이러한 방식으로 행위 되어 연구와 교육을 확장하는 식으로 뒷받침하는 연결망의 일부가 될 수 있을까? 나머지의 시간은 어떻게 유지 관리되고 전달될까?

에른스트와 횔트겐이 언급한 다양한 예시·발상·설명은 MAF와 시그널랩 같은 장소들이 미디어고고학적 과거와 여전히 관련이 있지만, 그것이 사라진 과거, 흘러간 과거, 신비한 무언의 침묵하는 과거의 표식은 아님을 강조한다. 더 정확하게 말하자면 컬렉션은 학습과 이론 그리고 어느 정도의 수집이 교차하는 혼종적 현장이다. 그러나 그것이 곧 역사적 컬렉션은 아니다. 그것은 특히 미디어고고학적 인식론자의 수중에 들어갔을 때 [역사적인 것과] 노선을 달리한다. 에른스트는 물질적인 미디어 기술의 존재를 다룰 때 이 미디어 기술들을 역사가 아니라 인식론적·교육학적 도전으로 간주한다. 에른스트는 자신을 푸코의 이론적 유산에 위치시키고, 인공 유물을 기념물로서 이해하는 것이 중요하다고 주장한다. 나머지의 우선성은 단순한 역사적 재구성의 지표가 아니라 그 자체로 대상이 된다. 이 대상은 역사적 서사 쓰기용 소품이 아니다. 그것은 장소에서 자체적으로 실행되는 이론 생산에 관여한다. 전례는 없지만 해러웨이를 이 논의에서 언급해야 할 것 같다. 신의 관점은 없다.# 이론은 자신의 위치가 필요하며, 때때로 벡터가 필요하다. 그러므로 대상들은 [이론을 고정하는] 닻이지만, 그럼에도 개별 역사의 물신으로서 작용은 덜하다. 그리고 이 대상들을 재배치·재구성 가능한 연쇄의 일부로 탐구할 필요가 있다(Ernst, 2013: 44). 이전에도 존재한 듯한 것을 재배치하는 이 가능성은, 분류학적 잔여와 물질에 대한, 심지어 사변적 실천에 대한 논평이 된다.

그러나 기술적 미디어는 그리스 화병 같은 대상이 아니므로 그에 맞는 방법론을 고민해야 한다. 다시 말해 (에른스트의 주장대로) 기술적 미디어를 표면에 드러난 시각적·물질적 대상으로서의 특징으로만 단정하면 안 되고, 가동[의 특징]으로 그것에 접근해야 한다. 미디어의 잔여는 박물관 한편에 놓인 감상용 골동품이 아니라, 미디어답게 가동될 때 가장 흥미롭다. 여기서 잔여라는 쟁점은 기념물이라는 개념[여기서 기념물은 기술의 가동성(operationality)을 지칭한다]을 통해 가동하기 시작한다. 신호 기반 미디

'신의 속임수(God tricks)'라는 해러웨이의 표현을 풀어쓴 말이다. 다음 글 참고. Donna Haraway. 1988. "Situated Knowledges: The Science Question in Feminism and the Privilege of Partial Perspective". *Feminist Studies* 14, no. 3: 575-599.

어를 정의하는, 시간결정적(time-critical)이고 미시시간적인 가동이 여기 흥미로운 전환 속에서 '잔여'가 된다. 동시에 이 전환은 신호로 된 잔여에 대한 설명을 시도하지만, 이는 신호와의 관계를 측정·분석·수행할 수 있는 상황화된 실험실이나 MAF 같은 실천을 경유한 것이다. 이 지점에서 현전의 개념 또한 복잡해진다. 역설적으로 신호의 잔여, 즉 그 자체로 시간결정적이며 전자문화의 일시적인 부분이라고 말할 수 있는 것을 논하는 일이 어떤 면에서 가능해졌다. 이로써 잔여는 단지 대상 또는 대상 같은 것이 아니라 완전히 잡히지 않는 복잡한 존재물에 가까워졌다.

달리 말해 대상이 [우리를] 과거와 직접 연결해 준다는 오류를 피하려면 잔여의 상황, 수행, 물질적 신호를 강조하는 과정적 설명이 더 낫다. 제프리 윈스럽영(Geoffrey Winthrop-Young)은 이를 정확하게 설명한다(Winthrop-Young, 2015). 미시시간성에 대한 에른스트의 설명이 사실상 역사적 시간상에서 과거와 현재의 대상을 다루는 데 그치지 않고 잔여를 다른 방식으로 다룬다고 말이다. 기계가 자체적으로 시간의 연속들을 만들어 낸다고 거듭 강조하는 것이 나머지에 접근하는 대안적 방법이 된 것이다. 윈스럽영은 역사적 논의에서의 그러한 급진적 입장을 강조함으로써 주장을 심화한다.

> 우리는 시간이 열과 파열의 섬광(a flash of strings and bursts) 속에 녹아 있을 수 있다는 관점을, 제일 작은 아원자 단위에서의 공간과 물질의 용해를 상기하는 방식으로 다루고 있다. 시간은 낯설고 무정형적인 짐승이 되었다. 그것은 접히고 교차하고 재귀적으로 진행된다. 그리고 미디어고고학자들은 이 이질적이고 길들지 않은 [낯선(xeno-) 혹은 미개한(agrio-)] 시간의 소음과 합을 맞추는 시간 조련사로 드러난다.(Winthrop-Young, 2015: 146)

시간과의 수행적 관계를 상연하는 것은 사실상 잔여의 현전이라는 개념을 또 다른 시간에 대한 사색으로 타파하는 방법이 된다. 상연의 상황, 잔여와 만나는 퍼포먼스는 선형적인 역사적 장소에 대상을 놓으려 하지 않고 어떤 시간이 "시간으로 헤아려지는지"(Winthrop-Young, 2015: 147)에 관한 인식론적 유희에 실질적으로 돌입하는 것이 가능한지 탐구하려 한다. 실제로 인식론은 상황화된 실천으로, 실험실의 상황으로, 미디어 문화에서 시간의 존재론에 관한 정동적 사색으로 이해된다. 어떻게 우리는 (오래된 것, 새로운 것, 잔여, 잔존의 측정 가능한 개념과 반대되는) 현재라는 개념을 복잡하게 만드는, 그 자체로 시간의 한 가지 핵심 표식이 된 동시대에 얽히게 되었는가?(Cox & Lund, 2016; Haraway, 2016 참고)

동시대적인 것이 공간적 실천으로서 배치되고 접근될 수 있을까? 어떻게 이것이 건축에서 그리고 인프라로서 일어나는가? 우리는 디자인과 만들기 그리고 물질세계와 만나는 실천 기반 분야의 어휘에 더 가까운 쪽에서, 단일 대상들에서 이론적 발상에 이르는 범위에 걸쳐 그 배치의 문제를 다루고 있다. 이러한 것들을 어떻게 미디어 교육·연구 형식과 연관된 테크닉으로서 공간에, 실천에 배치할까? 오래된 것, 새로운 것, 구식이 된 것, 창발하는 것이라는 너무 쉬운 좌표에서 벗어나는, 복잡한 협상 속에 이미 내재된 만들기의 실천으로는 어떤 방법들이 있을까? 몇몇 연구실과 MAF는 역사를 작업하지 않고 손수 인식론으로 재구성하는 공간이다. 이것[손수 인식론으로의 재구성]은 비판적 만들기(critical making)가 엄연하게 인문학적 논의로 넘어가는, 그럼으로써 여러 분과학문에 반향을 일으키는 중요한 진입구를 형성하는 방법과 특히 공명한다. 매트 라토(Matt Ratto)는 [수학자이자 컴퓨터과학자인] 시모어 패퍼트(Seymour Papert)의 주장을 재구성해, 비판적 만들기가 학습자의 감각운동적 '신체 지식'을 더욱 추상적인 이해와 연결하는 방식으로서 기어, 컴퓨터, 그 외 물리적 대상 같은 "이행 대상(transitional objects)"#과 관련된 작업이라고 말한다(Ratto, 2011: 254). 여기서 추상적 이해는 복잡한 다중시간성에 관여하는 시간적 지평이 될 수 있다. 그러니까 [장치를 직접 만지며 떠올릴 수 있는] 단락하기(short-circuiting)에 대한 발상은 과거 미디어 문화의 대상, 즉 그 자체로 나머지를 상황화하고 진전하는 수단으로 만드는 변화를 촉발하는 대상에 관여하는 개념적 단초가 될 수 있다.[2)]

이행 대상은 1953년 영국 심리학자 도널드 위니콧(Donald Winnicott)이 아동 발달 과정을 설명하기 위해 고안한 개념으로, 내면 자아와 외부 현실을 매개해 주는 정서적 투사물을 지칭한다. 이 투사물의 핵심 중 하나는 만지고 느낄 수 있는 촉각성이다. 스누피의 라이너스의 담요나 애착인형 등을 예시로 들 수 있다.

또 그 쟁점[상황화하는 실천으로 이어지는 미디어학적 논점]이 몇 갈래의 핵심 방향들로 나뉘는 것을 목격할 수 있다. 위의 말을 되풀이하자면, 나머지와의 관계는 상황이 된다. 수행적 실천, 심지어 경험이 된다고 말할 수도 있겠다. 에른스트의 미디어학이 [그리고 기술적 미디어가 인간 감각으로 환원될 수 없다는 프리드리히 키틀러(Friedrich Kittler)의 주장을 따르는 몇몇 방법들이] 경험에 대해서 확실하게 말하기를 거부한다고 해도, MAF는 정확히 거기서 작용하는 실천, 테크닉, 신체와의 관계 속에서 잔여가 상연되는 장소다. 교육과 연구 답사라는 상황의 일부로서, 역동적 관계를 통해 인식론적 쟁점을 발견하는 상연, 수행, 손수 실습 관계라는 요소들이 존재한다. 작은 예시로, MAF에서 제작한 영상들에서는 손이 자주 등장한다. 손은 사물의 잔여를 가동하고 가리키고 가능하게 만듦으로써 이 운용(play, 연극)의 부분적 행위자가 된다. 손은 수행과 가동 사이의 차이라고 설명되는 것의 중심에 다소 조용하게 위치하기도 한다. 손은 기술수학적 가동에 자리를 내준다. 에른스트가 (어느 강연에서) 제시한 이야기에 따르면, 조작자가 자신의 손을 사용하는 내내, 그의 손은 뒤로 물러나 있다(Ernst, 2014).

자동화로 인해 우리 인간은 점점 더 많이 기계로부터 손을 떼고 있다. 인류학적 관점에서 본다면 도구로서 손은 인간을 정의하는 핵심인 동시에 이미 인간의 확장이다. 기계식 타자는 손을 열 개의 개별 손가락으로 분화시켰다. 최종적으로 이진법 코드는 십진법의 손가락을 두 개로 줄였다. 현실에서 여전히 경쾌한 수행적 수작업처럼 보이는 것도 이미 기술수학적 가동이다. 내 손가락이 이러한 생각을 해킹해 내 노트북 컴퓨터의 자판에 달린 기호 부호로 옮기는 동안, 미디어고고학적인 거리[거리두기 접근법]는 대부분의 글쓰기가 알고리즘이 통치하는 마이크로프로세스 속에서 자체적으로 이루어지고 있음을 인지하고 있다.

손은 구식의 일종인 나머지일까? 구식의 인간, 즉 도구 만들기와 손에 쥘 수 있음이라는 구식의 과거 형식을 지닌 무언가에 대한 이미지일까? 아니면 손은, 수작업이 체화된 인간 층위에서 기술수학적인 것이 결정적으로 가동하지는 않아도 우리가 우리 손이 닿는 곳 너머에 관여하기 위해서 인터페이스를 필요로 하는 복잡한 얽힘의 일부가 아닐까? 신체를 일종의 문턱값으로 경유하지 않는다면, 어떻게 우리는 다른 규모에 관여할 수 있을까? 그러니까 어떻게 인간 신체를 예찬하지 않으면서 신체의 가능성을 다양한 규모 사이를 넘나드는 문턱값과 인터페이스의 일환으로 동원하고, 신체를 이미 신체가 아니었던 그 무엇으로 만들 것인가(Braidotti & Vermeulen, 2014; 이 책 슈나이더의 글 참고).

더 나아가 에른스트 자신도 인정하듯이, 이 지점에서 퍼포먼스(이론)와 동시대 고고학은 몇 가지 유사점을 공유하며, 교환에도 관여할 수 있다(Ernst, 2015: 23). 바로 여기서 [미디어고고학과] 퍼포먼스 연구 이론, 특히 리베카 슈나이더의 저작과의 연관성이 가장 분명해진다. 아카이브를 이해하는 방법이자 실시간인/살아 있는(live) 것과 기록된(documented) 혹은 녹음된(recorded) 것 간의 대립을 넘어 체화된 상황으로서 아카이브의 생산적인 살아 있음(liveness)으로 나아갈 역동적 방법을 제공하는 수행적 차원이란 무엇일까? 에른스트는 이들 두 분야가 공유하는 몇 가지 물음이 서로 근접해 있음을 인정했고, 그 물음들은 기술문화에 존재하는, 나머지에 관여하는 수행적 차원과 관련된 것이었다. 그런데 퍼포먼스와 고고학이 둘 다 미디어학적 과업과 연관될 수 있다고 인정한다면, 과거의 현전이라는 논제는 "우리가 어떻게 잔여로 남아 있는 것과의 관계를 창안하는지 묻는 질문"(Giannachi, Kay, & Shanks; Ernst, 2015: 23에서 재인용)을 다루기를 요하게 된다. 에른스트의 주장을 끌어온 것은 공간적이고 체화적이지만 인간에 한정되지 않는 인터페이스에 대한 이해를 심화하기 위함이다. 혹자는 이 물음이 개인적 관계에 한정되기보다는 집단적 사건이 될 수도 있으며, 이 점을 알고 있는 기관의 실천으로 촉진될 수 있다고 지적할 수 있겠다. 다시 말해 이러한 물음은 어떤 종류의 공간적 실천이 이러한 관여를 촉진할지 묻는 미디어 연구·미디어고고학적 물음과 관련되고, 종종 인문학의 변화에 대한 답변으로서 '실험실[실습 기반의 연구소]'의 집중적인 확산이 그 물음에 답하곤 한다.

잔여는 다른 모습을 취하기 시작한다. 앞서 간략히 언급했듯 잔여는 더욱 교육적이고 만들기·디자인 지향적이 되었다. 즉 우리는 아카이브를 일반적인 개념 차원에서의 공간적 참조점 이상으로 다루고 있다. 예술사와 과학사에서 또 수집·운송·보관의 역사에서 각각 가져온 부분[속성]들이 아카이브에 더해지기 시작한 이유가 여기 있다. 예를 들어 창고나 (어쩌면) 작업실은 제도적 상황, 다양한 손, 인식론적 관심의 다양한 설정으로 가동하기 시작한 잔여의 중심 무대가 되었다. 이러한[다양한 속성이 더해지는] 경향은 과거보다는 디자인과 관련한 쟁점들과 더 연결되기 시작한다. 실험실과 작업실은 각기 다른 태도와 인식론을 지닌다. 과학·예술사가가 잘 설명했듯 그 둘은 서로 근접해 있어도 여전히 다소 다른 존재론으로 나머지에 접근한다(Galison & Jones, 1999). 심지어 점점 더 많은 아카이브와 문화유산 기관들이 관객지향적이고 개방적이며 투명하게 그들의 기능을 재정의해 컬렉션에 "다시 생기가 도는(reanimate)" 순간을 우리가 목도하는 중이라도 그렇다.[3)]

베서니 노비스키는 '사변적 컬렉션'이라는 개념을 언급해 왔다. 사변적 컬렉션은 권력을 단순 재생산하는 서사에서 대안적·사변적 미래와 과거에 이르는 역사적 아카이브에 대한 발상을 적극적으로 인식하고 재작업한다. 노비스키는 이렇게 말한다.

> 특히 디지털 도서관 공동체가 지배적인 서사가 역사적 아카이브에 일으킬 수 있는 숙명론, 불가피함, 거리감의 감각을 깨뜨리는 가장 좋은 방법은, 아프로퓨처리즘(Afrofuturism)이 제안하는 문화유산 개념을 진지하게 받아들이는 것일 수도 있다. 단, 받아들일 내용이 아니라 사용할 기술(technology)로서 취해야 한다. 어떻게 디지털 컬렉션과 디지털 학문의 기획들을 '그것이 무엇이었는지' 밝히는 언표가 아니라 '그것이 무엇이 될 수 있는지' 밝히는 도구와 자원으로 자리매김하게 할 수 있을까?(Nowviskie, 2016)

특별 컬렉션이 아닌 사변적 컬렉션에 대한 노비스키의 요청은 문화적 기억의 제도와 테크닉을 미래에 대한 태도 취하기를 요하는 능동적 과업으로도 생각해야 할 필요성을 상기시킨다. 노비스키의 방법은 예술, 이론, 대중문화, 흑인행동주의(black activism)에서 실현되는 아프로퓨처리즘의 발상을 문화적 유산·기억의 논의로 끌어들이는 것이다. 이는 기억에 대한 관념을 동시대적 순간을 지속하게 해 주는 것 이상으로 생각하게 하는 방법이라는 점에서 특히 계몽적이다. 노비스키는 존 아콤프라의 영화 <역사의 마지막 천사(Last Angel of History)>, 흑인음악의 문화유산들, '흑인 양자 미래주의(Black Quantum Futurism)' 같은 동시대적 형식의 프로젝트들을 언급하면서, 이러한 실천에서의 아카이브적 상상과 '사용 가능한 과거들'을 포함한 핵심 개념들을 활용한다. 노비스키는 예술 기획과 공동체행동주의를 바탕으로 디지털 도서관과 기억 기관이 행동주의로 이어지는 기억의 중심이 되게 일조하는 핵심 발상을 설명한다. 노비스키는 이렇게 말한다.

> (선별, 배치, 묘사, 전달 차원에서) 상상을, 과정을, 비인격적 크로노스가 아닌 상황화된 카이로스의 시간을, 공동창작자로서의 사용자와 함께 고심하기. 이 모든 것은 사변을 허용하고 공유된 문화유산의 맥락에서 공동체의 더 큰 행위주체성을 보여 줄 뿐 아니라 실현하도록 돕는 디지털 도서관과 아카이브에 한층 더 가까워지게 할 수 있다. 지금 우리가 집단적으로 이를 반드시 주장한다면 연구 도서

관은 진정 먼 미래지향적 컬렉션을, 현재 아무도 요구하지 않는 것들로 가득한 컬렉션을 더는 구입하고 소장하지 않아도 된다. 그러니까 나는 상상적 아카이브가 비용이 적게 들고 많은 공간도 차지하지 않을 수 있음을 지적하려 할 뿐이다.(Nowviskie, 2016; Drake, 2016 on liberatory archives and Black Lives Matter 함께 참조)

위의 말은 미디어 문화의 잔여를 다루는 능동적인 가동적 아카이브를 보는 한층 더 존재론적이고 기술중심적인 관점을 더하고, 이는 미디어고고학적 성향의 연구소 활동으로 뒷받침되고 있다. [그렇다면] 질문은 양자택일식이 아니라, '소장품과 잔여 등에 능동적이고 가동적이며 다중스케일적으로 접근하는 방법은 무엇일까?'가 된다. 이는 과거가 아니라 언제나 되기(becoming) 상태에 있는 기억에 대한 질문이다. 이러한 되기는 만들기/생각하기가 이루어지는 특정한 공간뿐 아니라 특정한 역사적 상황에서도 상황화된다. 인종, 젠더, 섹슈얼리티, 이민 자격 등과 관련한 특정한 역사적 상황이 그 예다. 그에 따라 잔여(들)는 단순히 범주화되는 사물이 아니라 새로운 관계들과 잠재성들을 소환하는 사건에 더 가까워진다. 잔여(들)는 진열장, 범주화, 색인 체계에서 벗어나 원래 있던 곳인 역사, 고고학적 퇴적물, 거대한 바깥(the great outdoors)으로 확장된다. 이 제스처는 그 자체로 중요하며, 기술적 미디어와 살아 있음에 대한 흥미로운 존재론적 깨달음 그 이상의 것이다.

행동주의와 예술의 뒤바뀜은 특히 흥미롭다. 아카이브 그리고 실험실이나 메이커 스페이스(maker space. 열린 제작실)에서 이루어지는 잔여의 확장적 실천은 이 맥락에서 가동성의 의미가 무엇일 수 있을지 이해하는 방법이다. 그런데 실험예술(미디어아트) 분야에서도 능동적 아카이브라는 발상이 대두했다. 동시대 예술 집단인 '콩스탕(Constant)'은 문화 기억의 상황에서 인프라의 중요성을 깨닫는 한 방법으로 '능동적 아카이브(Active Archives)'를 도입했다. 이 방법은 아카이브와 아카이브 안에 든 잔여를 그저 잔존하는 것으로 대하지 않는다. 그 대신 이 작업을 뒷받침하는 기술에서 특정한 행동유도성을 개발하기 위한 잠재적 수단으로 대한다.

마이클 머토프(Michael Murtaugh)와 니콜라 말레베(Nicolas Malevé)는 기존 아카이브를 새로운 소프트웨어를 사용한 예술 프로젝트로 확장한 협업 프로젝트로 '콩스탕'에 참여했다. 2006년에 시작된 이 프로젝트는 나중에 노비스키와 많은 부분에서 직관적으로 공명하며, 인프라적이면서 예술적인 소프트웨어 기반 작업이 지닌 가능성을 강조한다. 환언하자면 개발된 이 무료 소프트웨어는 개방형 표준(open standards)에 대한 논의와 관련되고, 새로운 작업에 쓰일 심화된 능동적 플랫폼 역할도 한다. 이들은 [아스거 욘(Asger Jorn), 페테르 글롭(Peter Glob), 베르너 야콥센(Werner Jacobsen)의 1961년 작업에서 유래한] 스칸디나비아 비교 반달리즘 연구소(Scandinavian Institute of Comparative Vandalism, SISV)와 공동 프로젝트를 진행했고, 일찍이 선구적 미디어아티스트이자 기술전문가인 에르키 쿠렌니에미(Erkki Kurenniemi)의 아카이브(헬싱키에 있다)를 공동으로 작업한 적도 있다. 이러한 협업을 통해 이들은 문화유산과 새로운 예술 작업을 위한, 인프라 차원에서 흥미로운 새 설루션을 고안했다.4)

말레베와 머토프는 이론가 제프 콕스(Geoff Cox)와 함께했던 이 작업이 아카이브를 다르게 생각하려는 기획의 일환이며 "질서·분류의 아카이브 표준 절차를 따르지 않고 컴퓨터 프로그램을 실행해 물질의 특정한 속성에 관한 일련의 사변을 제공하기"를 목적으로 한다고 설명한다(Cox, Malevé, & Murtaugh, 2015: 125). 아카이브의 생동성을 조성하려 새로운 인프라를 마련하는 것에 대해서도 언급할 수 있다. 의미가 흩어지도록, 아카이브를 장소 혹은 안정된 사물이 아니라 사건으로서 분산하고 탈중앙화하도록 말이다. 여기서 소프트웨어나 프로그래밍이 야기하는 특정한 행동유도성은 '단순한' 지원 기능 이상을 이룬다. 구체적으로 역사와 잔여는 서사화되기를 기다리는 수동적 물질을 넘어선다. 이것들은 "물질에서 직접 외연화되지 않는, 시각적·촉각적 통각(apperception)을 넘어서는 양상들을 들춰내는 (그리고 모으는) 테크닉"(Cox, Malevé, & Murtaugh, 2015: 126)을 발휘하는 역동적 잠재성을 이룬다. [수십 년 동안 자신의 삶을 데이터로, 아카이브 분류 체계와는 다른 방식으로 기록·보관·공유했던] 쿠렌니에미의 아카이브에 대한 그들의 작업은 쿠렌니에미가 체화, 포스트휴먼, 기술 및 알고리즘이 지닌 생성적 힘 등에 대해 품었던, 또 일종의 기이한 유산이자 더 나아가 재귀하는 사변적 생으로 이중화한 트랜스휴먼적 환상을 겸한 것으로서 그 자신의 데이터 분신(data doubles)을 (재)구축해 쓰도록 후대에 남긴 대량 기록물로 할 수 있는 일에 관해 품었던 독자적인 생각을 다루었다. 하지만 동시에 그 작업은 아카이브를 수없이 많은 층위, 잠재성, 규모 들로 접힌 존재로 생각하며, 그에 관한 몇 가지 충동을 이 능동적인 아카이빙 열병을 정의하는 특정한 포렌식 드라이브/충동(drive)의 일환으로 취하는 방법이 되었다. 이 아카이브는 총체적일 수 있지만, 오로지 아카이브가 무엇을 할 수 있을지 묻는 질문을 통해서만 펼쳐질 수 있다.

적절한 예시로 '콩스탕'이 알고리즘 지원 시스템과 소프트웨어 측정 도구를 "포렌식적 가동을 수행하는 대화형 에이전트"로 삼은 접근법이 있다. 이 접근법은 이미지나 오디오 자료 같은 아카이브 소장물의 특정 메타데이터를 다루는 작업에 관한 것이라고 말할 수 있지만, 그러한 이미지를 단순히 이해하는 것 그 이상이기도 하다. 이 방법은 각종 알고리즘 절차(예를 들어 얼굴 감지, 윤곽 감지, 색상 측정, 메타데이터 추출 등을 아우르는 컴퓨터 시각 기술들로 익숙한 절차)를 거쳐 이미지를 다시 새로 생성하는 것이 되었다. 따라서 데이터갤러리에 대한 그들의 발상은 나머지로 보이는 것의 규모에 문제를 제기하는 식으로, 실질적으로 아카이브 대상(가령 이미지)으로 더 깊이 파고든다.

사진 한 장을 상상해 보자.

너비 2592픽셀, 높이 1944픽셀 크기의 가로형 사진.

2004년 11월 6일 21시 56분 37초에 촬영되었다. 이 기록 모음에는 에르키 쿠렌니에미가 2004년에 찍은 45732장의 사진이 담겨 있다. 에르키는 2004년 오후 9~10시 사이에 223장의 사진을 찍었다. 데이터 세트에 있는 45732장의 사진 중 33712장은 야간에 촬영한 것이다.

이 파일이 위치한 폴더에는 사진이 28장 더 있다. 21시 56분 32초부터 다음 날 19시 21분 18초 사이에 찍힌 사진들이다. '하린 빌레트(Harrin bileet)' 폴더에서는 촬영 당시 63년 4개월을 산 남자의 삶을 21시간 24분 46초 분량으로 볼 수 있다.

카메라가 사진을 촬영할 때 1/40초가 걸렸다. 눈 깜짝할 사이다.(쿠렌니에미 '능동적 아카이브' 프로젝트 기록. Cox, Malevé, & Murtaugh, 2015: 135에서 재인용)

라이프니츠적 우주의 알고리즘 버전에서 아카이브 이미지는 다중의 새로운 현실, 이미지, 관계, 관계의 관계 들에 열려 있다. 이는 앞서 논의한 것, 가령 에른스트가 제시한 가동성에 대한 미디어고고학적 충동과, 특정하게 상황화된 잔여의 속성에 관한 것을 심화하는 방법이다. 이러한 기획들은 목록화 및 색인화의 질서 체계에서 포렌식, 사변, 행동주의 그리고 그에 따라 더욱 분산된 상황과 테크닉으로 이행한 잔여의 아카이브를 보는 또 다른 관점을 제공한다. 그러나 다음 절에서는 잔여의 이 점을 문제 삼으려 한다. 그러기 위해 잔여의 대안적 상황들을 살필 것이다. 이 상황들은 박물관에 놓인 대상이 아닌 도시의 잔여와, 제품을 생산하고 남은 나머지 그리고 예술 실천에서 분류학적 제약이 사변적 컬렉션의 상상적 잠재성들을 촉발하는 나머지에 대한 것이다. 이는[위 상황들로 드러날 것은] 이 글에서 내내 미디어와 기술의 맥락에서 논의되었지만, 초반에 잔여의 수행적 차원과 맺은 연결로 다시 수렴한다.

모든 잔여는 그 바깥으로 녹아든다

오래되고 구식이고 재귀하고 잊힌 미디어 문화를 탐구하는 미디어고고학은 종종 사물에 초점을 맞추는 듯하다. 이는 여러 미디어고고학적 접근법들이 몇 가지 유의미한 차이에도 불구하고 특정 미디어 기술 혹은 (실천과 테크닉을 포함한) 미디어 담론장을 중심으로 자신들이 참조할 틀을 구축했음을 의미한다. 그러나 어떻게 대상의 물질성에서 환경의 물질성으로 즉 기억의 환경과 그 환경의 가동적 존재(아마도 탈피하는 미디어라는 슈나이더의 용어 사용이 상기시키는 존재)로 옮겨 갈 것인가? 줄리아나 브루노(Giuliana Bruno)에 따르면 아카이브의 물질성을 기억의 장소로 논한다는 것은 이렇다. "물질성은 사실 회색 지대이자 복잡한 기억술(mnemonic)의 관계들이 있는 장소다. 여기서 문제는 물질 자체도, '사물성' 자체도 아니다. 그보다는 물질적 관계·연결을 이루는 실체와 그것들이 다른 미디어의 표면에 설정되는 방식에 관한 것이다."(Bruno, 2016) 미디어의 이러한 표면은 그 사물 자체의 바깥으로 훨씬 크게 확장되며, 미디어가 남긴 물질적 잔여의 행성적 차원의 구성적 연결망을 구성하기에 이른다. 이 바깥은 정치적·물질적으로 특히 중요하다.

어떤 종류의 물질성이 그 고유의 시간과 일반적으로 말하는 질료를 갖는지를 묻는 매우 특이하고 흥미로운 문제에 내포된 여러 의미 외에도, 이는 '더 폭넓은 규모의 인프라, 도시와 행성의 규모, 건축적 잔여인 변방의 연결망과 버려진 장소는 어떠한가?'라는 물음도 제기한다. 기억의 장소를 다루는 역사학적 담론은 버려지고 구식이 된 잔여의 더 구체적인 현장에 대한 것이고, 그것은 물질적 잔여에 관한 논의에서 여전히 고려되고 있다. 그러나 혹자는 보관 공간이 단순히 물질적 현장이라기보다 "복잡한 기억술의 관계들이 있는 장소"(Bruno, 2016)에 더 가깝다고 말한다. 호기심 상자라는 면에서뿐 아니라, 예를 들어 (미디어) 창고에서 실험실에 이르는 교육 및 연구 기반 컬렉션이라는 면에서 말이다.

공간과 건축에 대해 말하자면, 벙커고고학(bunker archaeology)을 분명히 짚을 수 있을 것이다. 벙커고고학은 이미 제2차 세계대전에서 냉전으로 이어지는 건축의 경향을 이해하는 데, 그리고 동시대 예술·미디어 이론에 유의미한 영향을 끼쳤다(Virilio, 1994). 그런데 추모의 주요 현장이자 여러 미디어 이론가의 주요 참고 현장인 '전쟁' 외에, 하나를 더 짚을 수 있다. 도시의 잔여를 금속과 각종 물질, 화학 잔류물, 재사용 가능한 것으로 구성된 산업 스크랩[고철 및 비철]의 현장으로 보는 도시생태학 및 관련 학문의 연구를 함께 언급할 수 있다. 이 통찰은 실용적인 면에서는 더 긴요하다. 기술문화가 남긴 잠재적 유독성 유산을 논의하고, 배선된(wired) 도시에서 쓰이고 남은 구리 같은 물질들을 재사용할 가능성을 모색하는 데 도움이 되기 때문이다. 그야말로 과거의 미디어 문화를 고고학적으로 발견하는 것이다! 비에른 월스텐(Björn Wallsten)은 도시 광산(urban mining) 및 동면 인프라(hibernating infrastructures) 연구에서 이 양상을 구체적으로 설명한다. 월스텐의 연구는 또 다른 규모에서, 그냥 사물이 아니라 현장으로서 상황화된 잔여의 본질을 드러낸다. 장기적인 측면에서 도시를 광산의 퇴적된 층으로 이해하는 월스텐의 서술 방식에 따르면 마천루 같은 건물(Brechin, 1999; Wallsten, 2013: 1)과 쓰레기 매립지처럼 화려함과는 거리가 먼 잔류의 장소는 둘 다 위아래가 뒤집힌 광산으로 정의할 수 있다. 월스텐의

[그림 1.6] <아카이브 공간> 전시 이미지, 제인 버킨 기획. 사우샘프턴대학교 하틀리도서관의 특별컬렉션 소유.

방식은 미디어·기술 연구의 일반적 틀에 직관적으로 딱 맞지는 않아도, 미디어고고학적 논제를 긴요하게 확장한다. 기술문화의 잔여는 미디어 역사적으로 수집 가치가 있는 사물들[박물관, 실험실, 컬렉션, 그 외 구식이 상연되는 현장들에 자리한 기록·송신·수신·계산하는 (희귀하거나 희귀하지 않은) 기기들]에만 국한되지 않는다. 고장 난 시스템, 인프라적 잔여, 합성·금속성 폐기물의 매립과 이동처럼 저 바깥에 있는 것을 포함한다. 웰스텐은 제인 제이컵스

(Jane Jacobs)#를 인용해 도시 퇴적물 즉 도시를 미래 광산으로 논하며, 미디어에 초점을 맞추는 우리 관심사와 맞닿을 만한 또 다른 흥미로운 개념을 제시한다(Wallsten, 2013). 월스텐에 따르면 **동면 재고**(hibernating stocks)란 "제공되고 있는 서비스에서는 제거되었지만 폐기물 영역에 아직 진입하지 않은 것"(Wallsten, 2013: 2)을 지칭한다. 여기에는 널려 있는 전자 장비뿐 아니라 "사용이 중지된 이후 거리 풍경 아래 남겨진 상당량의 케이블과 파이프" 같은 "구(舊)산업도시"의 "버려진 부품들"(Wallsten, 2013: 3)도 포함될 수 있다.

도시를 일차적 사용가치가 끝난 후에도 여전히 쓸모 있는 유용한 물질들로 이루어진 여러 겹의 층으로 연구하는 것은 실용적 가치도 있지만, 기술문화를 계속 돌아가게 하는 중요한 테크닉과 실천을 상기시키기도 한다. 노비스키

제인 제이컵스는 1961년 도시가 미래 광산이라는 도시 광산(urban mining) 개념을 제시한 선구적인 도시계획 저술가 겸 운동가다. 대표 저서로는 ≪미국 대도시의 죽음과 삶(The Death and Life of Great American Cities)≫(1961), ≪도시의 경제학(The Economy of Cities)≫(1969) 등이 있다.

가 사변적 컬렉션을 제안할 때 주장했듯, 수리 및 유지보수라는 주제(예를 들어 Graham & Thrift, 2007 참고)가 다시 돌아왔다. 여기서 잔여는 (역기능적) 잔류물로 퇴적된 과거 사건의 긴 자취에 그치지는 않는다. 잔여는 애초에 어떤 것이든 작용하게 만드는 다양한 활동들의 더 유구한 연결망이자 존재 조건이다. 다시 말해 수리 및 유지보수는 노동이자 인프라 둘 다로서, 우리를 기억과 (재)컬렉션의 조직화된 공식 현장에서 한눈에 쉽사리 발견되지 않는 다른 종류의 나머지와 다른 장소의 나머지로 이동시킨다.

인프라를 연구하는 훌륭한 학자 다수의 지적대로 기술적 미디어의 물질성은 분산된 연결망, 위치, 상황으로 확장된다. 섀넌 매턴(Shannon Mattern)은 도시·변방 인프라를 가시화하려는 관심이 손에 닿을 듯 가까운 잔여의 물질적인 심원한 시간이 담긴 장면을 보충한다고 말한다(Mattern, 2015). 즉 미디어 역사는 건축의 역사가 된다. 미디어 대상, 심지어 가동성은 인프라에 대한 물음이 되고, '잔여'에 대한 물음은 더 어려워진다. 그것은 하나의 고립된 사물로 고정될 수 없기 때문이다. 매턴의 말을 응용하자면, 도시의 통신 연결망은 결코 손쉽게 이용할 수 있는 실체적 대상으로서 미디어라는 쟁점으로만 되돌아가거나, 단일한 장치에만 국한해 되돌아가지 않는다(Mattern, 2015: xi). 여기에 무엇이 더 있을까? 학문적 배경은 다르지만, 윌스텐의 서술은 이러한 면에서 유용하다. 인프라에 집중했을 때 그것이 무엇이고 무엇이었는지, 무엇이 지속되고 있는지, 이 모든 것이 어디에서 이뤄지는지를 시간적·공간적으로 이해하는 방법의 물꼬를 틀 수 있다.

잔여에는 신호, 케이블, 전기 그리드, 데이터센터 아키텍처 등(Parks & Starosielski, 2015; Starosielski, 2015)을 아우르는 더욱 광범한 생태가 있고, 잔여는 최소 두 가지 방향으로 전개된다. 한편으로는 인프라를 탐사하는 미디어 고고학자들이 다루는 물질이 있다. 이에 해당하는 사례들은 미디어가 공간적으로 광범하게 분산되어 있음을 의외의 위치에서 드러내는 인프라 여행의 연장선에 있다(Mattern, 2013). 미디어의 잔여는 진열장, 박물관, 컬렉션 등지에 놓이는 사물에 그치지 않으며, 손으로 만지거나 눈으로 보는 사물을 뛰어넘는 규모의 미디어를 만나는 장소이자 공간이다. 인프라 관광은 장소 특정적 심리지리학(psychogeography)의 한 가지 유형으로, 산업 생태학 연구에서 일컫는 대로 '핫스폿'뿐 아니라 콜드스폿(Wallsten, 2013 참고)까지 포함하는 미디어 장소들을 매핑한다. 이로써 불용 상태에 놓인 구리, 케이블, 전선 등의 물질적 인프라와 장소를 드러낸다.

다른 한편으로는, (미디어고고학) 실험실에 고립된 대상에만 한정되지 않고 다음과 같은 질문이 제기된다. 기술문화의 잔재로 남은 더 폭넓은 인프라를 다루는, 분석적이고 비판적이며 동시에 창조적인 (예술·디자인) 작업을 촉진하는 방법으로는 무엇이 있을까? 도시에서, 기술의 과거에서 미디어고고학적 잔여가 형성한 장소와 연결망에 대한 인식에는 폭넓은 함의들이 있다. 매턴은 이렇게 말한다. "스타[수전 리 스타(Susan Leigh Star)]와 보커[제프리 보커(Geoffrey C. Bowker)]는 그레고리 베이트슨(Gregory Bateson)을 인용해 인프라가 "관계나 관계의 무한한 회귀며 결코 '사물'이 아니"#라고 주장했다."(Mattern, 2013) 이 생각의 궤적을 따라가 보자. 그리고 시간 속에서, 흩어진 공

다음 국역본에서 인용. 그레고리 베이트슨 지음, 박대식 옮김(2006). ≪마음의 생태학≫, 392쪽. 책세상.

간들 속에서 잔여(들)가 결코 사물이 아니라 관계들의 무한한 회귀라고 여겨 보자. 이러한 분산을 다룬 몇 가지 기획을 흥미로운 예시로 언급할 수 있다. 2016년 출간된 잉그리드 버링턴(Ingrid Burrington)의 ≪뉴욕의 네트워크(Networks of New York)≫는 인터넷을 어바니즘(urbanism) 인프라의 일부로 보는 법을 다룬 유용하면서 직관적인 길잡이 책이다. 이 책은 인터넷이 구체적인 것이었다가 감시와 여러 제도적 네트워크로 이어지는 다양한 연결들로 추상화하는 원리를 짚는 데서 출발한다. 집단적 행동으로서 장소 특정적 탐사 여행과 매핑은 실제 장소와 기술 인프라적 나머지 간에 맺어진 또 다른 환경적 관계를 펼치기 시작한다(다시 Mattern, 2013 참고).

이러한 매핑, 탐사, 집단 작업은 수행적일 수도 있다. 구체적으로 잔여는 시간 속에서 그리고 여러 지형을 가로질러 펼쳐진다. 탐사의 방법론적 구축을 통해서, 기술 생산에서 남은 나머지의 정체가 무엇인지 펼쳐지기 시작한다. 이러한 작업을 하는 디자이너들과 작업실들이 있다. 그중에서도 리엄 영(Liam Young)과 케이트 데이비스(Kate Davies)의 '언노운필드디비전(Unknown Fields Division)'

은 기술 인프라의 주변부를 추적하는 연례 디자인 연구 탐사를 진행하고, 이를 통해 광범한 인프라 문제를 제기한다. 컨테이너 화물선, 몽골의 전자 폐기물, 볼리비아의 리튬 채굴, 행성 규모 기술의 '컨베이어 벨트'로서 필수불가결한 변방의 풍경에서, 잔여는 비판적 디자인(critical design)이라는 더욱 넓은 맥락에서 쟁점이 된다.

최근 몇 년간 영과 데이비스의 주요 기획 중 하나인 <희귀한 토기(Rare Earthenware)>(2015)는 전자문화에서 일어나는 여러 물질적 상황들에 초점을 맞췄다. 그 수단으로, 그들은 방사성 유독물을 재료로 삼아 명나라 도자기의 모조품을 제작했다. 답사에서는 내몽골에 위치한 바오터우에서 광물 가공 처리를 하고 남은 나머지에서 출발해 전자제품 물류·생산 체계를 조사했다. 유독성 찌꺼기는 그 대상 자체, 즉 명나라 화병 모조품에 방사능 물질을 함유하게 했다. 이 모조 화병은 "희토류로 알려진 세계 17대 최다 수요 광물을 처리하는 데 쓰인 산성 물질, 중금속, 발암 물질(토륨, 우라늄 포함)의 혼합물"로 이루어져 있다(Unknown Fields Division, 2016: 376). 광미에서 비롯된 꽃병의 디자인은 전자문화 및 기술을 구성하는 데 필요한 것이 무엇인

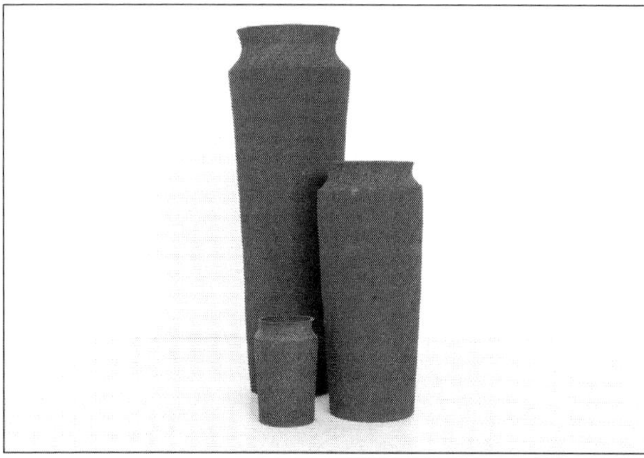

[그림 1.7] 언노운필드디비전. <희귀한 토기>. 토비 스미스(Toby Smith)에게서 허가받아 수록.

지에 대한 논평이자, 기이한 문화유산 대상의 일종이다. 여기서 박물관과 전시는 안팎이 뒤바뀐다. 박물관은 미디어 기술의 과거가 남긴 일반적인 나머지가 아니라 동시대 세계를 생성하는 전자 폐기물의 자취와 독성의 거처가 된다. 이 화병은 2015년 런던 빅토리아앨버트 미술관(Victoria and Albert Museum, V&A)의 전시 <호화로움이란 무엇인가?(What is Luxury?)>의 일부가 되는 결말을 맞았으나, 무엇이 잔여로 남는지에 대한 다른 전개 또한 보여 준다. 만약 유독성 외에 아무것도 남는 것이 없다면?[5] 문화유산이라는 밀봉된 공간 속에 당도한 모든 대상은 무엇을 같이 끌고 들어오는가?

<희귀한 토기>는 기획들 중에서도 꽤 가시적이고 규모도 크다. 하지만 우리의 주제인 잔여(나머지)[remain(der)]에 은연하게 중요한, [그에] 개입하는 다른 것들로도 둘러싸여 있다. 박물관은 무엇을 담고 있으며, 그것을 담고 있는 동안 무엇에 의존하는가? 어떤 형식의 운송과 추출이 기억의 상황을 생산하는 데 일조하는가? 박물관 기관의 식민적 중추는 이 이야기의 한 버전이고, 또 다른 버전은 공간적으로 흩어져 있는 행성 규모의 집합으로, 동시대 인프라에 대한 것이다. 동시대의 대상과 이미지 문화의 물질성을 구성하는 것은 무엇이고, 역사적 가치 생산의 물음과 관련한 그 대상의 잔재와 잔여로는 무엇이 있을까? 이러한 물음이 생산·운송의 장소 곳곳에 흩어진 광대한 인프라 속의 대상과 그 제도를 둘러싸고 있다.

그다음 사례는 공간적 실천(이번에는 전시 기획)과 잔여 그리고 그 사후생의 범주화 작업을 연결한 전시 기획이다.

[그림 1.8] 언노운필드디비전. <희귀한 토기>. 희토류 정련공장. 토비 스미스에게서 허가받아 수록.

작가 헬레나 헌터와 마크 피터 라이트의 2016년 전시 <결과의 상자>[6]가 그것이다. 유니버시티칼리지런던에서 2017년 5월까지 열렸던 이 전시는 (이 글 앞부분에서 언급한) 호기심 상자를 특정 디스플레이 형식으로 삼았다. 이들 작가 겸 기획자는 시각적 디스플레이와 공간을 컬렉션의 인터페이스로 사용하고, 그에 더해 그렇게 한 것을 엘리트 대학의 이종적 컬렉션과 관련된 전시 방식을 제공하는 병치 논리로 설명한다. 이 전시에서 디스플레이는 포털, 인터페이스로서 선보여지며, 식민적 컬렉션의 역사와 동시대 전시 공간에서의 식민적 맥락들로부터 자신을 생산적으로 분리하기도 한다. 디스플레이는 대상과 대상들이 맺는 관계, 관계의 계단식 회귀라는 더 유구한 유산을 끄집어내는 밀봉 형식이기도 하다. 그것[디스플레이 형식]은 식민적 유산을 자각하게 하는 것 외에도 대상들이 "생태, 인프라, 미디어를 통치하고 청구하며 이행하는 다양한 힘들을 통해 생태, 인프라, 미디어와 관계적 대화를 나누는 것"이라는 작가 의도에 부합하는 기회를 마련했다. 인류세는 식민주의 연결망, 지식 그리고 행성 규모의 환경 훼손을 다루는 다학제적 지식에 쏠린 동시대적 관심이라는 다중 지점들의 이야기를 펼친다. 그리고 지식, 디스플레이, 통제의 형식에 대한 이야기도 펼친다. 이 전시는 그랜트동물학박물관(Grant Museum of Zoology), 지질학컬렉션(Geology Collections), 이집트고고학 페트리박물관(Petrie Museum), 유니버시티칼리지런던 예술박물관(UCL Art Museum), 병리학 및 생물인류학 컬렉션들을 포함해 유니버시티칼리지런던의 개별 박물관과 컬렉션이 소장한 유물들을 재배치했다. 이 재배치는 기존의 학제적 분류들에 반대하며, 자연사를 "환경 변화, 기술과학적 가속, 사회정치적 불안정성, 자연 이후(postnatural)의 역사들이라는 현재 맥락"의 일환에서 보게 한다(Hunter & Wright, 2016년 12월 20일 개인 접촉).

<결과의 상자>는 네 가지 유형(농업-동물, 에너지-자원, 미디어-자연, 사후생-멸종)으로 나뉘며, 각각의 대상·물질은 네댓 개의 군(群)으로 이루어져 있다. 그 결과 밀봉의 불가능성 그리고 지식 생산 조건에 속한 범주화에 나 있는 틈을 깨닫는 강한 감각이 일어났다. 범주화는 언제나 실패한다. 심지어 그것이 세상을 인식하는 습관을 끊임없이 생산하는 중이라도 말이다.

헌터와 라이트는 그중에서 잔여(들)라는 주제와 관련이 있는 상자 하나를 내게 설명해 주었다(Hunter & Wright, 2016). 그것은 '사후생-멸종' 유형이었고, 다음 대상들을 포함한다.

- 유럽우주국(European Space Agency, ESA)의 실패한 미션인 클러스터 1(Cluster 1)의 잔해. 멀러드 우주과

학연구소(Mullard Space Science Laboratory), 유니버시티칼리지런던.

- 베네라(Venera) 13·14호 착륙선(Lander)의 금성 표면 사진(1982). NASA국지행성이미지실 컬렉션(NASA Regional Planetary Image Facility Collections).
- 미국 달 탐사 궤도선 1호(1966)가 달에서 촬영한 지구 사진. NASA국지행성이미지실 컬렉션.
- 퇴적 직후 물이 넘쳐흘렀음을 보여 주는 화석화된 유흔(flow markings). 유니버시티칼리지런던 지질학 컬렉션/지구과학부, SS1/37.
- 한때 물이 흘렀던 시간과 장소를 나타내는, 물의 이동 흔적을 담은 화석. 연흔(Ripple Marks), 스톤스필드 점판암(Stonesfield Slate), 유니버시티칼리지런던 지질학 컬렉션/지구과학부, 551/28.
- 라메세움(Ramesseum)에서 발견된 도자기 그릇 조각. 신관문자(이집트 필기체 상형문자)로 "나일강 홍수 찬가"라는 문구가 쓰여 있다.

이 조합은 분류학적 제한의 먼 바깥으로 벗어나는 상상

[그림 1.9] 헬레나 헌터, 마크 피터 라이트. <결과의 상자>, 유니버시티칼리지런던 옥타곤 갤러리, 2016. 매트 클레이턴 촬영. 허가받아 수록.

과 서사를 촉발한다. 그러나 그것은 기술적 이미지화, 기술 쓰레기, 지질 및 화석, 물과 같은 자연 요소에 문화가 미치는 영향 그리고 이들 물질에 새겨지는 문화적 표식에 대해 말하는 하나의 계열로 직관적으로 묶여 있다(이것이 광의적이면서 논쟁적인 용어인 **인류세**로 인지될 수도 있겠다). 기술의 실패에 대한 발상은 기술들이 미디어로 기능할 수 있게 하는 특정한 인식론(머신 비전과 프로세싱, 인공위성 센서 등)과 결합한다. 시간에 대한 사변들은 행성적 규모로 이어진다. 컬렉션은 그 자체로 (분류와 물질을 모두) 생산하는 광범한 인프라에 대한 물음을 제기하는 현장이 되었다. 이를 사변적 컬렉션에 대한 노비스키의 발상과 연결해 보는 것은 두말할 나위 없이 특히 흥미로운 선택지다. 고로 사변적 컬렉션은 어디를 가리키고 있는가? 그것은 어디에서 상황화되는가? 그것은 어떤 역사들을 말하고 있는가? 그리고 그것은 어떤 세계를 일으킬 수 있을까?

존 아콤프라와 트레버 매시슨의 <단단한 모든 것>은 상상적 과거와 사변적 미래를 둘 다 포함하는 사변적 기억의 감각 속으로 녹아든다. 다양한 예술 작품·큐레이토리얼의 맥락과 이론적 관념을 끌어들인 이 글의 논의를 거친 다

[그림 1.10] 헬레나 헌터, 마크 피터 라이트. <결과의 상자>, 유니버시티칼리지런던 옥타곤 갤러리, 2016. 매트 클레이턴 촬영. 허가받아 수록.

음에는, 안개, 목소리, 일시적인 물질적 성질들과 더 맞닿은 아콤프라와 매시슨의 영화 대사를 이렇게 바꿔 말하고 싶어질지도 모른다. 조직되었던 모든 것이 사변적 컬렉션에서 녹아내렸다고 말이다. 잔여의 모든 것이 특정한 미래를 촉발한다. 모든 잔여는 공간, 실천, 테크닉, 인프라를 아우르는 여러 단계에 걸친 사건으로서 반복적으로 변형되어 수행된다. 모든 잔여는 예술 실천과 디자인 탐사가 밝혀

냈듯이, 자체적 지속을 지닌다. 모든 잔여가 그렇다.

아콤프라와 매시슨의 영화는 분류학적 범주화에서 남은 나머지뿐 아니라 물질 자연의 잔여를 다루는 수많은 예술 작품·큐레이토리얼의 실천에서 여전히 여러모로 적절한 참조점이다. 기술 대상의 생(livelihood)은 가동적 장치에서 가동적 인프라로, 그리고 그 고유의 특정 광미로 확장된다. 그렇게 확장된 생은 대상 그 이상인 잔여라는 또 다른 규모이며, 다중적 사후생의 살아 있음이 된다. 그 모든 잔여가 그렇다.

미주

익명의 검토자들을 비롯해 제인 버킨, 섀넌 매턴, 헬레나 헌터, 마크 라이트, 대런 워슐러, 로리 에머슨(Lori Emerson) 등 이 글의 초안을 읽고 의견을 준 많은 분들께 감사의 말을 전한다.

1) 스톨러 저서의 이러한 맥락과 함께, 아카이브 권력의 식민주의적 생산과 관련해 나머지를 어떻게 생각해야 하는지 지적해 준 섀넌 매턴에게 감사한다.

2) 에른스트는 해킹과 비판적 만들기가 미디어고고학과 다음과 같은 관계가 있다고 설명한다. "해킹과 서킷벤딩은 미디어정치 비평 형식이자, 주로 대학 인문학의 학문 바깥에서 이루어지는 경제적·예술적 실험 형식이다. 그러나 미디어 연구와 엮였을 때에는 초점이 달라진다. 그것은 (유물론적·수학적 의미 둘 다의 의미에서) 기술에 함축된 지식을 밖으로 드러내고 언어로 명시한다. 학문적 실천으로서 미디어고고학은 응용인식론(applied epistemology)이다. 미디어고고학은 전문적인 기술 지식을 공학과 컴퓨터과학에만 한정하지 않고 담론으로 해석할 수 있도록 대상으로부터 지식의 불꽃을 피울 수 있는 방법을 배우고 가르친다."(Ernst, 2016)

3) 이 점에 대해 섀넌 매턴에게 감사한다.

4) 아카이브를 다루는 예술 실천의 역사는 확실히 더 오래되었다. 그 관계에 대한 입문서로는 2008년 출간된 스벤 슈피커(Sven Spieker)의 ≪빅 아카이브: 관료제로부터의 예술(The Big Archive: Art from Bureaucracy)≫을 추천한다.

5) 또 다른 예로, 크리스티나 린드스트룀과 오사 스톨의 예술 기획

<플라스틱 상상들>(2016)이 있다. 린드스트룀과 스톨은 이 기획으로 퇴비화와 넝마주이의 실용적 역할과, 범람하는 쓰레기가 필수품이 되어 버린 플라스틱으로 된 미래에 대한 상상적 표현을 주제로 워크숍과 교육을 진행했다. 작가들이 쓴 '현장 안내문'을 인용하자면, 플라스틱 미래는 근미래의 일상성을 실천과 미학의 일환으로 표현한다. 이 상상의 중심에 플라스티글로머레이트(plastiglomerate. 새로운 자연사적 표본이 된 플라스틱 암석)가 있다. "넝마주이들의 창턱은 그들이 '아름답다'고 여기는 플라스티글로머레이트로 가득하다. 때때로 개별 대상과 상품의 의미가 해독될 수 있고, 때때로 대상이 삶의 예전 형식과 어떻게 들어맞았는지 상상해 볼 수도 있다. 플라스티글로머레이트는 웨이스팅, 수류, 풍화, 압력, 불로 인해 새로운 것이 된다는 공통점이 있다. 암석, 플라스틱, 산호, 모래 등의 혼합 물질이 된 것이다. 넝마주이들의 지하실은 녹은 플라스틱 덩어리들로 가득하다. 플라스티글로머레이트처럼, 예전에 사용하던 물건과 실천은 그저 상상할 수 있을 뿐이다. 플라스틱 포크, 어망, 페트병 같은 모든 사물은 병합되어 플라스틱 저장물이 되어 버렸다. 새로 생산되는 플라스틱이 희소해지자 정부는 각 가정마다 3D 프린터와 비상 대비용으로 최소 1세제곱미터의 플라스틱을 보유할 것을 권고했다. 재생 플라스틱은 핸드폰 케이스와 가전 기기의 수리에 필요한 각종 여분 부품들 등 일상 용도의 물건들에 자주 쓰인다."(Lindström & Ståhl, 2016: 10) 전자제품의 자연사에 관해서는 제니퍼 게이브리스(Jennifer Gabrys)의 책(Gabrys, 2013)을 참고할 것.

6) https://www.matterlurgy.net/cabinets-of-consequence/.

참고문헌

Birkin, Jane. 2015. "Art, Work and Archives: Performativity and Techniques of Production." *Archive Journal*, no. 5. http://www.archivejournal.net/issue/5/archives-remixed/art-work-and-archives/.

Braidotti, Rosi, and Timotheus Vermeulen. 2014. "Borrowed Energy." *Frieze*, August 12.

Brechin, Gray. 1999. *Imperial San Francisco: Urban Power, Earthly Ruin*. Berkeley: University of California Press.

Bredekamp, Horst. 1995. *The Lure of Antiquity and the Cult of the Machine: The Kunstkammer and the Evolution of Nature, Art and Technology*. Translated by Allison Brown. Princeton, N.J.: Markus Wiener.

Bruno, Giuliana. 2016. "Storage Space." *E-Flux*, Istanbul Design Biennial section Superhumanity. November. http://www.e-flux.com/architecture/superhumanity/68650/storage-space/.

Burrington, Ingrid. 2016. *Networks of New York: An Illustrated Field Guide to Urban Internet Infrastructure*. New York: Melville House.

Cox, Geoff and Jacob Lund. 2016. *The Contemporary Condition: Introductory Thoughts on Contemporaneity and Contemporary Art*. Berlin: Sternberg Press.

Cox, Geoff, Nicolas Maleve, and Michael Murtaugh. 2015. "Archiving the Databody: Human and Nonhuman Agency in the Documents of Erkki Kurenniemi." In *Writing and Unwriting (Media) Art History: Erkki Kurenniemi in 2048*, edited by J. Krysa and J. Parikka, 125-41. Cambridge,

Mass.: MIT Press.
Cramer, Florian. 2013. *Anti-media: Ephemera on Speculative Arts*. Rotterdam: nai010/Willem de Kooning Academie and Institute of Network Culture.
Crary, Jonathan. 1999. *Suspensions of Perception: Attention, Spectacle, and Modern Culture*. Cambridge, Mass.: MIT Press.
Derrida, Jacques. 1995. *Archival Fever: A Freudian Impression*. Translated by Eric Prenowitz. Chicago: University of Chicago Press.
Derrida, Jacques. 2005. *Paper Machine*. Translated by Rachel Bowlby. Stanford, Calif.: Stanford University Press.
Douglas, Mary. 1986. *How Institutions Think*. Syracuse, N.Y.: Syracuse University Press.
Drake, J. M. 2016. "Liberatory Archives: Towards Belonging and Believing." October 26. https://medium.com/on-archivy/liberatory-archives-towards-belonging-and-believing-part-2-6f56c754eb17#.n797x9fcq.
Earhart, Amy. 2015. "The Digital Humanities as a Laboratory." In *Humanities and the Digital*, edited by David Theo Goldberg and Patrik Svensson, 391-400. Cambridge, Mass.: MIT Press.
Ebeling, Knut. 2007. "Die Asche des Archivs." In *Das Archiv brennt*, edited by G. Didi-Huberman and K. Ebeling, 33-183. Berlin: Kadmos.
Ebeling, Knut, and S. Günzel, eds. 2009. *Archivologie: Theorien des Archivs in Philosophie, Medien und Künsten*. Berlin:

Kadmos.

Eichhorn, Kate. 2013. *The Archival Turn in Feminisms: Outrage in Order*. Philadelphia: Temple University Press.

Elsaesser, Thomas. 2011. "Freud and the Technical Media: The Enduring Magic of the Wunderblock." In *Media Archaeology: Approaches, Applications, and Implications*, edited by Erkki Huhtamo and Jussi Parikka, 95-115. Berkeley: University of California Press.

Elsaesser, Thomas. 2016. *Film History as Media Archaeology*. Amsterdam: Amsterdam University Press.

Ernst, Wolfgang. 2013. *Digital Memory and the Archive*. Edited with an introduction by Jussi Parikka. Minneapolis: University of Minnesota Press.

Ernst, Wolfgang. 2014. "Digital Media Archaeology: Archive, Museum, Sonicity." Talk given at CCA, Montreal, September 25. https://www.youtube.com/watch?v=f_GsDqKuOF8.

Ernst, Wolfgang. 2015. "Media Archaeology-as-Such: Occasional Thoughts on (Mes-) alliances with Archaeologies Proper." *Journal of Contemporary Archaeology* 2, no. 1: 15-23.

Ernst, Wolfgang. 2016. "An Interview with Wolfgang Ernst." What Is a Media Lab Project. http://whatisamedialab.com/2016/08/22/an-interview-with-wolfgang-ernst/.

Gabrys, Jennifer. 2013. *Digital Rubbish: Natural History of Electronics*. Ann Arbor: University of Michigan Press.

Galison, Peter, and Caroline Jones. 1999. "Factory, Laboratory, Studio: Dispersing Sites of Production." In *The Architecture of Science*, edited by Peter Galison and Emily Thompson, 497–540. Cambridge, Mass.: MIT Press.

Graham, Stephen, and Nigel Thrift. 2007. "Out of Order: Understanding Repair and Maintenance." *Theory, Culture, and Society* 24, no. 3: 1–25.

Haraway, D. J. 2016. *Staying with the Trouble: Making Kin in the Chthulucene*. Durham, N.C.: Duke University Press.

Henning, Michelle. 2006. *Museums, Media and Cultural Theory*. Maidenhead, U.K.: Open University Press.

Höltgen, Stefan. 2016. "An Interview with Stefan Höltgen of the Signal Lab." http://whatisamedialab.com/2016/08/29/an-interview-with-stefan-holtgen-of-the-signal-lab/.

Krajewski, Markus. 2001. "Was zu beweisen war." *Frankfurter Allgemeine Zeitung*, April 12.

Krajewski, Markus. 2014. *World Projects: Global Information before World War I*. Translated by Charles Marcrum II. Minneapolis: University of Minnesota Press.

Lindström, Kristina, and Åsa Ståhl. 2016. *Plastic Imaginaries*. Field Guide. Malmö.

Mattern, Shannon. 2013. "Infrastructural Tourism." *Places*, July. https://placesjournal.org/article/infrastructural-tourism/.

Mattern, Shannon. 2015. *Deep Mapping the Media City*. Minneapolis: University of Minnesota Press.

Mattern, Shannon. 2016. "Cloud and Field." *Spaces*, August. https://placesjournal.org/article/cloud-and-field/.

Nowviskie, Bethany. 2016. *Speculative Collections* (blog). October 27.

http://nowviskie.org/2016/speculative-collections/.
O'Gorman, Marcel. 2012. "Broken Tools and Misfit Toys: Adventures in Applied Media Theory." *Canadian Journal of Communication* 37: 27-42.
Parks, Lisa. 2007. "Falling Apart: Electronics Salvaging and the Global Media Economy." In *Residual Media*, edited by Charles Acland, 32-47. Minneapolis: University of Minnesota Press.
Parks, Lisa, and Nicole Starosielski, eds. 2015. *Signal Traffic: Critical Studies of Media Infrastructures*. Urbana: University of Illinois Press.
Ratto, Matt. 2011. "Critical Making: Conceptual and Material Studies in Technology and Social Life." *Information Society* 27: 252-60.
Schneider, Rebecca. 2011. *Performing Remains: Art and War in Times of Theatrical Reenactment*. London: Routledge.
Sobchak, Vivian. 2011. "Afterword: Media Archaeology and Re-presencing the Past." In *Media Archaeology: Approaches, Applications, and Implications*, edited by Erkki Huhtamo and Jussi Parikka, 323-33. Berkeley: University of California Press.
Spieker, Sven. 2008. *The Big Archive: Art from Bureaucracy*. Cambridge, Mass.: MIT Press.
Stoler, Ann. 2009. *Along the Archival Grain: Epistemic Anxieties and Colonial Common Sense*. Princeton, N.J.: Princeton University Press.
Starosielski, Nicole. 2015. *The Undersea Network*. Durham, N.C.: Duke University Press.

Strauven, Wanda. 2011. "The Observer's Dilemma: To Touch or Not to Touch." In *Media Archaeology: Approaches, Applications and Implications*, edited by Erkki Huhtamo and Jussi Parikka, 148–63. Berkeley: University of California Press.

Virilio, Paul. 1994. *Bunker Archaeology*. Translated by George Collins. New York: Princeton Architectural Press.

Wallsten, Björn. 2013. "*Underneath Norrköping An Urban Mine of Hibernating Infrastructure*." Linköping Studies in Science and Technology Licentiate Thesis No. 1617.

Winthrop-Young, Geoffrey. 2015. "Hemerochronia, or, Take a Walk on the Wild Side of Time: Sideline Snippets on Media Archaeology."

[2] 탈피#하는 미디어

리베카 슈나이더

뼈로 만든 작은 원반 표면에서 번쩍이는 것은 연극용 가면을 쓴 사람(배우)의 얼굴이 틀림없다. 가면 그리고 그 너머로 부분적으로만 보이는 가면 쓴 배우가 옆을 향한 채 가장자리로 시선을 떨군다. 비극 가면의 전통에 따라 [입꼬리가] 아래로 처진 크고 열린 입 사이로 작고 앙상한 혀가

원어 'slough'는 두 가지 의미와 발음을 지닌 단어로, '허물이나 껍질을 벗다/벗기다'를 뜻할 때는 [slʌf], '늪·수렁(특히 고통의 구렁텅이)'을 뜻할 때는 [slu:]로 발음한다. 이 글에서 슈나이더는 유기체가 피부 따위의 허물을 벗고 재생하는 작용을 매체나 지질학적 규모의 비유기체적 단위로까지 확장함으로써 새로운 것과 낡은 것, 일시성과 영속성 같은 이분법을 벗어나고자 한다. 이에 이 글에서는 'slough'를 '탈피'로 옮겼다. 한편 이 단어는 다른 의미로 쓰일 때 그 발음이 '느림'을 뜻하는 'slow[sloʊ]'와 유사하다는 점도 주목할 만하다. 빠르게 새 것이 낡은 것으로 밀려나는 동시대 기술 환경과 미디어 지형을 비판적으로 사유하는 저자의 언어유희가 돋보이는 지점이다.

실록인다. 사실상 로마제국의 이 잡동사니 한 조각은 작은 비행접시 혹은 진취적인(enterprising) 우주선인 양 서구 역사의 선형적 타임머신을 타고 중세 암흑기와 르네상스와 계몽주의 시대와 산업화를 거쳐, 팽창하는 인류세를 가로질러, 그것의 미래 즉 우리와 상호적인 '지금'의 시점으로 우리를 만나러 왔다.

컴퓨터 화면 혹은 당신이 손에 쥐고 있는 책에 복제되어 있는 사진 이미지를 보면, 뼈로 된 이 작은 원(원반)의 표면에 조각된 작은 얼굴은 좌측을 보는 것 같지만 당신을 응시하는 것처럼 보이기도 한다. 나처럼 당신이 이 원반을 직접 손에 쥐어 본다면, 가면과 얼굴(face)로 이루어진 이 아주 작은 이중 얼굴(visage)은 뼈로 된 그 바탕에서 도드라져 손으로 만질 수 있는 것이 되어 손가락 촉감으로 생생하게 느껴질 것이다. 시각과 촉각 중 어느 감각으로 파악하든 뼈에 조각된 얼굴 위의 작은 가면은 정동(affect)으로 가득하다. 마치 우리의 시야 혹은 손아귀를 아슬아슬하게 벗어나는 비극에 주목할 것을 요청하는 듯 산만하면서도 각성한 상태로 보인다. 다른 것(그 자신이 아닌 것과 잡을 수 없는 것)에 관해 주의를 환기하려는, 뼛조각의 배우 얼굴 위 가

[그림 2.1] 로마 <게임 말(Gaming Piece)>, 기원후 1~2세기. 에릭 굴드(Erik Gould) 촬영. 프로비던스 소재 로드아일랜드 스쿨오브디자인(Rhode Island School of Design) 예술박물관 소유.

면은 비켜난 공간을 바라보며 또 다른 장면을 가리킨다. '보라!'

우리의 주의를 환기하는 이 외침은 가면이라는 매체를 통해 펼쳐진다. [원반 우측의] 배우의 뒷머리가 암시하듯 가면 아래에서 얼굴인 척하는 얼굴은 가면을 매체로 사용한다. 우리는 배우의 얼굴을 볼 수 없으며, 얼굴은 정말이지 거기에 없다. 배우 얼굴의 거기-없음(not-thereness) 혹은 다른-곳에-있음(otherwhereness)은 배우가 가면을 벗고 이들이 자주 그러듯 자신의 모습이 아닌 다른 모습을 상연한다 해도 일어난다고 볼 수 있다. 마찬가지로 영화와 여타 미디어아트 장르에서도 배우의 얼굴은 당연히 거기에 없다. 그 대신 배우의 얼굴은 '보존'되거나 마치 가면처럼 그 스스로를 현현하는 빛이나 픽셀에 의해 모방되어 전파된다. 이 뼛조각에 배우의 얼굴이 없듯, 기원이 되는 얼굴은 거기에 없다. 혹은 이중 얼굴 또는 양면성이 가동되는 방식이 암시하는 것처럼, 하나(얼굴)가 다른 하나(얼굴)로 통하듯(pass) '얼굴'은 거기에 있으면서 동시에 없다.

이 뼛조각이 보여 주듯 (당신의) 손 안의 '배우'는 무언가로 통하기 위해 제작되었다. 다시 말해 배우는 통과(passage)를 위한 매체다. 동전, 토큰, 테세라(tessera)#, 놀이용 원반도 마찬가지다. 손에서 손으로, 무대에서 무대로, 스크린에서 스크린으로 전달되면서 양면성은 폭발해 [둘

주로 모자이크를 만들 때 쓰이는 정사각형 모양의 타일 조각 혹은 고대 로마에서 목재나 동물 뼈로 만들어 표나 신분증으로 쓰던 것을 일컫는다. https://www.merriam-webster.com/dictionary/tessera

이상의] 다수가 된다. 이 뼛조각의 경우, 원반 표면에는 얼굴 위 얼굴(혹은 얼굴 아래 얼굴이라고도 할 수 있겠다)이 있다. 얼굴에 의해 중개되는 얼굴. 이 두 얼굴 중 그 어느 것도 '진짜 거기에' 없다. 다른 장면에 대한 주의를 환기하고 비켜난 공간을 오가면서 서로의 결합된 부재를 가릴 따름이다. 달리 말해, 매체에 매체가 내재한다. 이때 한 매체(가면)는 이를 사용하는 이(가면 쓴 배우)의 환상을 만든다. [가면 쓴 배우는] 제3의 사용자(당신과 나 그리고 n명의 다른 이들)가 비켜난 공간에 주목하도록 하는데, 이 사용자는 손에 뼛조각을 쥐고 있음에도 가면이 '우리'에게 가상적으로 외치며 주목하라고 하는 그 장면에 우리가 부재한다는 사실을 마주할 뿐이다.

'오, 안돼!' 작은 배우 가면이 이렇게 소리치는 듯하다. '뭔가 다가오고 있어!' 어쩌면 뭔가가 지나가고 있는 걸지도 모른다. 그 무언가가 다가오거나 다시 지나간다 해도 이 경험은 마치 새로운 것처럼 중개된다.[1)] 미디어(연극, 사진, 영화, 영상, 디지털 예술, 몸의 몸짓 기술)의 속성인 반복적인(iterative) '재생-반복재생(play-replay)'에서 호명이나 외침은 손에서 손으로, 스크린에서 스크린으로, 눈에서 눈으로, 장치에서 장치로, 입에서 입으로 순환한다. 뼈로 된 원반을 손에 쥔 몸은 동전이라는 매체를 연장하고 전달한다. 외침은 순환한다. '오, 안돼! 보라!' 뼛조각은 손에 잡혀 있을 때조차 손아귀에서 아슬아슬하게 벗어나는 무언가를 향해 (다시) 손짓한다. 손에서 손으로 전달되는 동안에도 닿을 수 없는 것을.[2)]

라틴어 '메디움(medium)'이 '미디어'라는 단어의 어원이며 매체의 근본적 의미 중 하나가 '중재자(intermediary)'라면, 확실히 이 작은 고대 원반은 '미디어'를 그 자체로(on its very face) 명백하게 표현한다. '대중'과 연결되고 '새로운 것'에 고질적으로 속박된, 엄밀한 의미의 현대 미디어의 변화무쌍한 지형이 나타나기 수천 년 전에 쓰인 이 뼛조각을 두고, 독자는 이를 뉴미디어(new media)라 보기 어렵고 과거에도 마찬가지였을 것이라고 타당하게 지적할 것이다. 웬디 희경 전이 "구식화의 최첨단"이라 칭한, 위기를 거치며 일어나는 뉴미디어의 관습적 재편보다 한참 전에 있었던 것이니 말이다(Chun, 2016b: 1). 그럼에도 뼈에 새겨진 얼굴 위의 얼굴은 그것이 퍼뜨리는 비극의 경험, 즉 다가오고 떠나가는 위기와 뒤처졌거나 뒤처지지 않은 것들을 중개하는 듯하다.[3] 미디어가 하는 일이 중개라는 점에서 **위기** 다음으로 중요한 단어가 바로 **중개**다. W. J. T. 미첼(W. J. T. Mitchell)과 마크 핸슨(Mark Hansen)에 따르면 미디어는 개입하는 물질로서 "구체적 경험이 가능하도록 시공간 조성을 중개하고" 이로써 "주어진 역사적 순간에 지식을 가능하게 한다"(Mitchell & Hansen, 2010: vii). 하지만 뼈 원반이라는 매체가 여전히 경험을 중개하고 비켜난 공간을 향해 어떤 식으로든 외치며 항상 손아귀에서 아슬아슬하게 벗어나는 위기를 불러온다면, 이때의 '주어진 역사적 순간'이란 이미 지나가 버린 과거를 뜻한다고밖에 볼 수 없지 않을까?

이 뼈 원반에 주어진 역사적 순간이란 기원전 1세기 중반쯤일 것이다. 그러니 동전같이 손에 쥘 수 있는 이 장치는 위기를 추종하는 오늘날 미디어의 생생한 첨단에는 필적하지 못할 것이다. 오늘날 휴대용 장치는 이 뼛조각의 디지털 형상을 스크린 표면에 순식간에 띄울 수 있는 휴대전화와 같은 형태를 띤다. 오늘날 손에서 손으로 전달하는 일은 대체로 손에-쥔-장치에서 손에-쥔-장치로 이루어진다. 이를 염두에 둘 때 과연 시대에 뒤처진 '동전'이 **진행 중인**

(ongoing) 장면을 중개하는 매체라고 할 수 있을까? 당연하게도 원반 자체는 자신이 구식이라는 사실을 소리쳐 알리는 데 그치는 것 아닐까? 한편, 그럼에도 우리는 이 외침('뭔가 다가오고 있어!')의 시점이 단지 과거에 국한된 것인지 되물을 수 있지 않을까? 달리 질문하자면, 그 시간은 과연 얼마나 과거 혹은 구식화에 속하는가? 즉 신식이든 아니든 언제나 미디어에 의해 매개되는 '뭔가 다가오고 있어'라는 감각이야말로 과거 혹은 구식화가 아닌가?[4)]

이 글에서 나는 이처럼 미미하고 한물갔고 이중적인 폐기물 조각에 잇따르는 미디어 잔여(media remain)에 대해 질문 몇 가지를 던지려 한다. 골동품 전문가나 고대 로마를 연구하는 역사가가 꽤 아낄 법한 이 수집품이자 사물은 뉴미디어나 라이브 퍼포먼스(내 전문 분야인 그 퍼포먼스)와 별 상관이 없어 보이는 듯하다. 관례적으로 '미디어'는 산업화된 모더니티에 속하는 단어다. 고대의 뼛조각이 여기서 주연이라고 생각하기는 어렵다. 하지만 미디어고고학자는 미디어 연구의 경계에 도전해 미디어를 '심원한 시간(deep time)'의 관점에서 탐구함으로써 현대적 즉시성의 섬광을 넘어 미디어 사물의 물질성을 구성하는 지질학적 시간의 광활한 범주까지 다루려 한다. 예를 들어 유시 파리카의 ≪미디어의 지질학≫(2015)의 뒤표지에는 미디어의 역사가 "수백만 년, 심지어 수십억 년은 되었다"는 주장이 적혀 있다. 파리카는 미디어의 물질적 층위에 해당하는 입자들의 지도를, 즉 "말 그대로 광산 속 미디어의 심원한 시간과 심원한 장소"(Parikka, 2015: 5)에서 끌어올린 광물 조각과 에너지의 지도를 그린다. 이로써 미디어와 미디어를 재구성하는 물질을 더 광범한 자본주의 추출 기계의 일부로 독해한다. 파리카는 벤저민 브래턴(Benjamin Bratton)의 논의를 바탕으로 "우리는 주머니에 작은 아프리카 조각을 지니고 있다"는 점을 상기시킨다. [여기서 "작은 아프리카 조각"이란] 아프리카의 광산에서 인간 노동자와 비인간 노동자가 추출한, 휴대전화와 같은 디지털 미디어 기술로 우리와 이동하며 함께 살아가는 금속인 콜탄을 일컫는다. 지질학은 이처럼 탈영토화되어, 추출의 역사 즉 "사회적·기술적 관계와 환경적·생태적 현실"(Parikka, 2015: 46)의 역사가 담긴 흐름 속에서 순환한다고 파리카는 말한다. 파리카는 매클루언처럼 기술이 단지 '인간의 확장'이며 인간은 일종의 유생성(有生性, animacy) 위계의 꼭대기에 위태로이 올라서서 그 아래에 있는 하등한 물질을 자신의 연장으로 가져다 쓴다는 관점을 채택하지 않고, 기술이 '땅에서 나온 원료의 종합이자 산물'이라는 점을 우리로 하여금 명심하게 한다. 파리카는 도나 해러웨이로부터 관계성 논의를 끌어오며 '미디어자연(medianature)'의 복잡한 얽힘(entanglement)을 강조한다(Parikka, 2015: 13). 미디어자연은 해러웨이의 "자연문화(natureculture)" 개념을 응용해 만든 개념이다. 해러웨이에 따르면,

> 관계에서는 어느 쪽도 관계보다 먼저 존재하지 않고, 이런 관계는 한 번에 맺어 완성할 수도 없다. 자연과 문화 속으로, 또 자연문화 속으로 들어가는 모든 방법을 좌우하는 것은 역사적 특이성과 우발적 변이력이다.(Haraway, 2003: 12)

'새로움'에서 물러나 미디어를 수십억 년에 이르는 계보에서 재편성하는 것은 ("들어가는 방법"으로 잘게 쪼개는 것은) 기술의 새로움에 속박되는 일을 어느 정도 부정하는

것이다. 이 속박은 미디어가 지구의 작용과 맺는 깊은 엮임, 특히 새로움에 대한 모더니티의 속박이 낳은 구식화# 기계의 환경적 결과와 맺는 깊은 엮임을 제대로 이해하지 못하게 한다. 구식화 그리고 그 여파로 발생해 우리의 바다, 매립지, 공기를 메우는 쓰레기 더미는 사실상 '새로움'의 동의어이자 기술 및 몸의 **결과/상품**(product)이다. 이러한 관점은 기술과 발전을 같은 선상에 놓는 습관을 뒤흔들어 놓는다. 구식화야말로 새로움을 목표로 한다는 점을 인지하면, '뉴미디어'를 사유할 때 새 것과 낡은 것을 이분법적으로 구별하는 일이 복잡한 상관관계에 놓여 있다는 사실이 드러날 것이다. 이는 프랑크푸르트학파의 사유로부터 배울 수 있는 점이기도 하다. 예를 들어 발터 베냐민(Walter Benjamin)은 파울 클레(Paul Klee)의 "진보의 천사

원어 'obsolescence'는 단순히 낡은 상태를 뜻하기보다는 기술이나 매체가 점차 낡아 사용되지 않게 되는 과정, 혹은 그러한 낡음을 생산하는 구조를 가리킨다. 특히 미디어 이론과 기술사에서 이 단어는 신제품의 수명을 의도적으로 짧게 설계하는 관행을 포함해 생산·유통·폐기의 속도, 다시 말해 새로운 것이 낡은 것으로 전환되는 작동을 사유하는 데 핵심 개념으로 쓰인다. 이러한 맥락을 반영해 이 글은 'obsolescence'를 '구식화'로 번역했다.

(Angel of Progress)"[<새로운 천사(Angelus Novus)>]가 점차 쌓여 가는 쓰레기 산에 의해 뒤로 떠밀리고 있다고 해석했다(Benjamin, 1969: 255-256). 프랑크푸르트학파와 베냐민을 인용하는 것이 얼마나 '낡았고' 자주 되풀이되었든, 새로움에 대한 속박에서 물러나면 우리가 기술에 의해 매개되었다고 간주하는 만남에서 새로움과 구식이라는 양면적 속임수가 가동되는 방식을 전혀 다르게 보게 된다.

파리카와 그의 동료들이 미디어의 지질학적 잔여(geologic remains)로서 광물과 화학 물질에 주목하며 선사 시대로까지 거슬러 올라가 미디어를 살폈다면, 우리 또한 고대와 선사 시대로 돌아가 생물학적 물질(biomatter), 특히 미디어의 **퍼포먼스** 잔여(performance remains of media)를 재고할 수 있지 않을까? 내가 보기에 이 과제는 수많은 이들이 이미 탐색했던 것, 즉 미디어의 손-안에-있음(in-handedness)을 다시 탐색하는 일이다. 살과 뼈를 미디어 사건의 참여자로 간주할 때 소위 살아 있는 생물학적 몸은 미디어적 만남의 핵심 부분으로 부각된다.[5] 살아 있는 몸을 어느 (어쩌면 모든) 미디어적 사건의 일부로 받아들이면, 생물학적 물질 또한 미디어의 요소로 볼 수 있을 것이다.

우리가 파리카를 따라 "광산의 저임금 노동자나 엔터테인먼트 기기 부품 공장의 고임금 노동자"(Parikka, 2015: 14)의 몸까지 고려하게 되면, 더욱 폭넓은 시간을 교차하는 미디어 제작의 장면 속에서 생물학적 요소를 고려하게 되지 않을까? 이는 곧 장치가 손에서 손으로, 눈에서 눈으로 전달되고 몸이 공항, 도시의 도로, 거실과 같은 미디어 스케이프에서 정보 취득의 목적으로 혹은 정보 그 자체로 스캐닝될 때, 손이나 눈을 미디어적인 것으로 보는 것이다. 살아 있는 생물학적 몸이 전혀 새로울 것이 없다는 점[게다가 흔히 구식-되기(becoming-obsolete)의 일종으로 간주되기도 한다는 점]을 감안하면 살아 있는 몸은 그야말로 미디어의 선사 시대적 부품일 수 있으며, 파리카가 심원한 시간 차원에 참여하고 있다며 주목한 수십억 년 된 광물과 마찬가지로 잔여 하면서도 진행 중인 것이다.[6)]

비유를 통해 더 생각해 보자. 일단 미디어 일반의 선사 시대 혹은 전(前) 미디어사라 할 수 있는 것을 고려해 보자. 전형적인 서구의 연극을 떠올려 보라. 고대 로마 연극의 장막형 프론스 스카에나에(scaenae frons)(그리고 여기서 꼭 환기되는 개선문)와 마찬가지로 현대 연극의 아치형 구조

물인 프로시니엄 아치(proscenial arch)는 역사적인 배경 미디어(back-media), 즉 올드미디어(old media)다. 다시 말해 프로시니엄 아치는 오늘날 편재하는 미디어적 스크린의 고대 선배 격이라고 볼 수 있다. 현대 연극에서는 [마치 스크린에서 그렇듯, 혹은 그리스어로 표현하면 근대 이전 '스케네(skēnē)'에서 그랬듯] 무대 위에서 일어나는 일을 현대 연극의 결과/상품으로 간주한다. 스크린상에서 벌어지는 일에 대한 접근성이 여러 미디어 사물에서 주로 소비되는 부분이듯, 이 극의 전개/재생(playing)이야말로 제작자가 판매하고 참여 관객이 구매·소비하는 것이다. 하지만 백스테이지 혹은 '옵스카에나(obscaena)'[그리스어인 이 표현에서 나온 라틴어식으로 표현하면 '오프스테이지(offstage)'] 역시 연극이다. 백스테이지 없이는 연극이 존재하지 않을 것이다. 또 한편, 무대 일손(stagehand)이라는 표현이 있는데, 여기서 '손'이라는 표현이 어색하게 들린다면 적절히 '구성 노동(component labor)'이라 부를 수도 있다. '제조(manufacture)'라는 단어가 '손으로 만들기'에서 비롯했다는 점을 생각해 보면, 그 결과물이 그렇게 보이지 않을지라도 무대 일손은 연극의 가동적 구성 요소다. 당연히, 장면/스크린을 뒷받침하는 노동하는 무대 일손과 라이브 극장이 당신이 손에 쥔 아이폰과 동일하다고 할 수는 없다. 하지만 위의 유비를 문제 되지 않을 정도로 유연하게 적용해 보자면, 프로시니엄 아치, 로마의 프론스 스카에나에, 개선문 그리고 여타 미디어적 스크린의 경험적 뒷이야기를 이루는 오래되고 잘 알려지지 않았되 번성해 온 구식화의 관점에서 아이폰을 살펴볼 수 있다. '올드/낡은' 혹은 '뉴/새로운' 미디어를 가로지르는 회절적 응시는 미디어 제작의 오프스테이지[혹은 공장 안(in-factory)]의 요소 역시 미디어적 디스플레이의 장면에 잔여 한다고 볼 수 있지 않을지 질문할 수 있게 한다. 옵스카에나 혹은 오프스크린(offscreen)의 노동하는 몸은 그저 키보드 위를 바삐 움직이는 당신의 손가락뿐 아니라 다른 사람, 또 다른 사람 그리고 또 다른 사람의 손가락일 수 있다. 어쩌면 이 모든 손이 구성 요소일지 모른다. 손이 손으로 그리고 또 손으로 탈피할(slough) 때, 이들은 일종의 미디어 잔여물일까? 우리가 손에 휴대전화를 들고 있을 때, 파리카가 언급하는 광산과 공장의 노동자는 **외설적인/무대 바깥의**(obscene) 의미에서 우리에게 가까이 주어져(at hand) 정동적(affective)

잔여로서 미디어 형성의 심원한 시간을 순환하는 걸까? 이 문제를 더 깊이 파고든다면 어떤 사유가 가능해질까?

이러한 사유의 전개를 따라가면 노동자의 몸이 미디어 사물에 잔여 한다고 볼 수 있다. 그 몸이 노동해 제조한 물질적 구성 요소에 달라붙어 있는, 잔류하는 정동적 잔류물(residual affective residues)로서 말이다. 접촉이라는 진행 중인 사후생에서는 몸에 닿는 것과 땀, 심지어 소리나 제스처조차 어떤 방식으로든 장치 자체로 혹은 장치의 잔류물로 잔여 하는 것이 아닐까? 로제 카유아(Roger Caillois)가 제임스 조지 프레이저(James George Frazer)를 따라 종간 흉내 내기를 도발적으로 다룬 것처럼, 그리고 마이클 타우시크(Michael Taussig)가 ≪미메시스와 타자성(Mimesis and Alterity)≫에서 개념으로서 재차 불 지피고자 했던 것, 즉 "한번 접촉한 존재는 연결된 채로 잔여 한다"(Caillois, [1935]1984: 25; Taussig, 1993: 47-57)는 것처럼 말이다. 몸의 접촉, 땀, 소리나 냄새, 심지어 원거리의 노동자나 사용자까지 잔류물로서 잔여 한다고 할 수 있을까? 장치 자체 혹은 그것의 비물질적 제스처 잔류물까지도? 노동과 사용이 되풀이되는 행위로서 잔여물이 된다고 볼 수 있을까? 이

행위의 잔류물이나 그 행위가 고대 로마의 저주 서판(curse tablet)처럼 각 장치의 부차적 구조에 묻히더라도?[7] 광부, 공장 노동자, 소매업자, 여타 노동자뿐 아니라 소비자, 오퍼레이터, 심지어 미디어 장치에 관여하거나 자기 의지와 무관하게 미디어 사건의 행위자(actant)가 되는 행인의 삶에까지 뻗어 있는 미디어의 내부무생화(intra-in-animation)를 생각한다면, 이들의 몸 또한 구성 요소로 생각할 수 있지 않을까?

제품의 '끈적이는' 잔류물과 그 여파에 주목하면, 미디어 사물은 분명 그 자체로 더욱 넓은 장면 즉 수작(手作, hand-lings)의 영역으로 연장될 것이다. 나아가 이러한 사물은 '의식(儀式)', '습관' 그리고 몸을 가로지르며 잔여를 남기는 소위 '사용'이라는 만남에 참여하는 것으로 특징지어진다.[8] 만드는 몸, 사용하는 몸, 버리는 몸 모두 장치에 출몰하고 드리운다. 주디스 버틀러(Judith Butler)에 따르면 이러한 장면 속에서 미디어 장치는 인간의 몸이 그렇듯 관계 속에서 몸을 구성하고 재구성하는 "퇴적된 행위"를 이룬다(Butler, 1988: 523). 결국 **퇴적된** 것은 일종의 지질학적 잔여다.

살아 있는 몸과 지질학적 물질이 모두 선사 시대의 미디어 물질이라면, 이것들은 당연히 미디어 잔여물 안에서 그리고 미디어 잔여물로서 명백히 **진행 중**인 선사 시대를 이룰 것이다. 이것이 바로 선사 시대의 진행 중임(ongoingness)이며, 구식화의 진행 중임과 마찬가지로 무엇이 '새롭고' '오래된' 것인지 판가름하는 잣대를 수정하도록 촉구한다. 선사 시대 또한 새로운 것이며 새로운 것이 곧 낡은 것이라면, 소위 진보 그리고 이와 결을 나란히 하는 자본의 성장 서사가 발명해 낸 선형적 시간에 대한 우리의 방향 감각은 차치하고 진보의 행진에 대한 우리의 사고는 어떻게 되는 걸까?

낡은 것의 스캔들

살아 있는 인간의 생물학적 신체는 새로울 것이 전혀 없다. 신체는 여러 세대를 가로질러 탈피하고 재생된다. 이런 점에서 신체는 어쩌면 천 년의 시간에 걸쳐 산 것과 살아 있지 않은 것 사이를 왕복하며 돌아오는 지질학적 물질을 닮았을지 모른다. 그런데 이러한 살의 재생성에도 불구하고 미디어 연구와 퍼포먼스 연구는 대체로 '몸'을 사라지고 덧없으며(ephemeral) 끊임없이 즉각적인 '지금'이라는 현재 순간에 묶인 것으로 다룬다. 웬디 희경 전이 날카롭게 지적했듯 우리는 덧없는 것이 "지속되지" 못한다고 볼 때가 많다(Chun, 2011: 170-173). 지속성(endurance)과 덧없음은 흔히 상호 배타적인 반대항으로 다뤄지고는 한다. 그럼에도 탈피는 일어난다. 빠르든 느리든. 피부 세포의 빠른 탈각과 돌의 느린 탈각을 생각하면, 덧없음과 지속성은 단지 시간적·물질적 규모의 문제에 불과할지 모른다. 규모를 전환해 생태적 취약성(ecological vulnerability)의 관점에서 지질학적 퇴적에 주목하면, 돌도 덧없는 것으로 볼 수 있다. 규모를 전환해 살을 재생 가능한 것으로 생각하면, 생명도 지속성이 있다고 볼 수 있다. 몰(mole)과 분자(molecule) 단위로 규모를 전환하거나 물활론적·행위적(animistic-agentic) 분석의 관점에서 말하는 '특이성과 특개성(singularities and haecceities)'을 통해 바라본다면, '살아 있음(liveness)' 혹은 '생동성(vitality)'이라는 규정 또한 이전에는 무생물 혹은 비활성이라고 여겨지던 물질로 확장될 수 있다(Deleuze & Guattari, 1987: 408; Harvey, 2005; Ingold, 2006; Bennett, 2010).

아마도 살아 있는 몸은 보통 오래 지속하는 물질로 여겨지지 않기 때문에, 그 자체로 연장의 수단으로 고려되지 않을 것이다(그래서 그 자체로 이미 미디어적이라 독해되지도 않는다). 한정적인 손아귀의 범위(스티글레르)나 맨눈의 범위(베냐민을 따른 크라우스)에서 벗어나면, 생물학적 유기체로서 몸은 흔히 기술보다 한정적인 것으로 여겨진다. 물론 이러한 추정은 계몽주의의 유산이다. 이는 인간 생명 작용이 여타 물질과 이루는 상호 구성적 내부 활동(intra-activity)뿐 아니라(Haraway, 2003; Cooper, 2008; Barad, 2007) 손아귀를 한참 넘어서 확장되는, 문화적으로 변종적인 신체 연장의 실천을 간과하는 것이기도 하다. "영혼 여행"(Kapchan, 2007), 빙의의 무아지경(Keller, 2001; Harvey, 2005) 그리고 호흡법은, 혹은 애숀 크롤리(Ashon Crawley)가 흑인오순절주의(Blackpentacostal) 호흡법에 대해 쓰면서 "육적인 이탈의 복합적 방식"이라 표현한 것(Crawley, 2016: 28)을 통한 신체 연장의 방식들은 역사적으로 원시적이라거나 불미스럽게 '야만적'이라는 딱지가 붙어 이성, 지식, 심지어 품위에 대조되는 것으로 묵살되고는 했다. 이 글에서는 이처럼 확장된 몸이라는 체화된 수행의 전통에 '야만적'이라는 낙인 찍기를 감행한 식민적 확장의 지정학적 역사가 이미 잘 알려져 있고, 그 대부분이 깊이 인종화되어 있으며, 잔여에 대한 연구와도 맞닿아 있다고 말해 두는 것으로 충분하겠다. 이러한 면들 그리고 계몽주의적 식민주의자의 이해관계를 위해 몸에 부과된 한계를 살펴보면, 서구 근대의 원시주의적 응시(primitivist gaze)는 생물학적 몸을 (그것과 라이브 퍼포먼스를 사라지는 것으로 낭만화하지 않을 때면) 물신화하고 기술과 구별되는 의미에서 진정한 것으로 본질화했다고 할 수 있다.[9] 즉 생물학적 몸은 관례상 그 자체로 미디어적이라고 여겨지지 않았고, 연장의 도구이자 경험을 중개하는 것으로 고려되지 않았다. 관례상 미디어가 몸을 연장하지, 그 반대는 성립하지 않는다.

당연히 관례는 뒤집히고 흔들릴 수 있다. 자본적·식민적 습관에 대한 대안 역시 부활할 수 있다.[10] 통상 기생충이 숙주를 타고 다니는 것으로(그 반대가 아니라) 여겨지듯 "누가 누구를 타는가"라는 질문의 방향을 뒤집거나 이항 대립에서 벗어남으로써 일반적인 것과 탈동일시하는 데서 비롯하는 질문을, 의도적으로 혼동을 일으키는 질문을 던질 수 있다(Muñoz, 1999; Serres, 2013; Chen, 2012). 습관처럼 새로운 것이 낡은 것을 대체한다고 간주하기보다 뒤처진 것이 오히려 새로운 것을 거듭 대체하고 그에 도전한다고 보면 어떨까?[11] 소위 새로운 것이란 본질적으로 습관이 만들어 내는, 새로운 뒤처진 것이다(Chun, 2016b). 수행에 바탕을 둔 대리자 지명의 교차적(chiasmic) 논리에서["왕[선왕]이 죽었다, 왕[새로운 왕] 만세"(Roach, 1996)] 교차하는 양단 모두 동시에 참이다. 이러한 의미에서 구식화는 사라지기는커녕 자신의 (몸적) 최첨단에서 새로운 것을 생산하고 소모한다. 이 최첨단에서 몸은 탈피의 달인으로서 잔여하는 것으로 보인다. 이때 몸은 그 자체로 스텔라크식(Stelarcian) 낡은 것-되기(becoming-obsolete)#를 자랑하

키프로스 출신 호주 퍼포먼스 작가 스텔라크(Stelarc)는 우리의 타고난 인체는 낡았다는 인식을 기반으로 외과적 수술, 기계 장치 등을 동원해 인체의 한계를 시험하는 실천을 이어 왔다. "스텔라크식 낡은 것-되기"는 신체에 가하는 인공적인 장치와 대조적으로 낡고 쓸모없는 것으로 물러나는 신체를 뜻한다.

는 시그니처가 되는 동시에 사라지기에 저항한다. 이는 명백히 시간에 따라 변하고 세대를 거듭해 재생되는 인간의 살아 있는 몸을 다시 본질화하거나 낭만화하자는 주장이 아니다. 단지 생물학적 몸이 다시 출현하는 잔류물 혹은 재생적 구식화의 매체[바로 그(the) 매체는 아닌 매체]로 간주된 적이 거의 없다는 뜻이다.[12] 몸은 분명 손에서 손으로, 뼛조각에서 뼛조각으로 통화(경험 중개의 통로 역할을 하는 다양한 매체)를, 즉 [몸을] 연장하기 위한 것들을 계속 유통한다. 다시 말해 몸은 매체를 위한 연장 기계이며, 구식화는 그 연장의 방식이다.

아마도 이러한 생각에서 질문이 떠오르는 것을 눈치챘을 것이다. 기계 위 기계, 보철 위 보철의 탈피 과정에서 몸이 중재자 역할을 하는 걸까? 그렇다면 몸은 미디어 잔여물인가? 나아가 구식화 자체가 몸적 매체라면 어떻게 될까? 바벳 티슐레더(Babette Tischleder)와 세라 와서먼(Sarah Wasserman)은 다음과 같이 상기시킨다.

> 구식화는 소비자 풍토, 우리가 사물과 맺는 관계, 일상의 핵심임에도 우리는 이를 거의 되돌아보지 않는다.… 전

후 북미에서 가장 왕성하게 발전한 소비자 문화는 새로운 것을 물신화하고, 구식화를 관심의 가장자리로 밀어낸다.… 하지만 낡은 것의 스캔들은 바로 그것이 사라지지 않는다는 점이다.(Tischleder & Wasserman, 2015: 1-2)

손에 쥔 뼈

나는 얼굴이 조각된 이 뼛조각을 컴퓨터 스크린상의 이미지로 처음 보았다. 홀리스 미키(Hollis Mickey)가 내게 이메일로 그 이미지 파일을 주었는데, 그러면서 현재 이 뼛조각이 살고 있는 미국 프로비던스 소재 로드아일랜드 스쿨오브디자인(RISD) 예술박물관의 큐레이터와 대화를 더 나눠 보라고 제안했다. [시간의 흐름이라는 것은] 강력한 습관의 힘이 견인하기에 일일이 세어 보기가 민망하지만, 때는 예수 그리스도 탄생 후 두 번의 천 년이 지나가고도 14년이 지난 후였다. 나는 '실시간인/살아 있는(live)' 뼈를 보러 나의 직장 브라운대학교에서 RISD 박물관으로 갔다.

뼈는 박물관 지하의 한 서랍에 산다. 전시 중이 아니어

[그림 2.2] 박스 안에 든 <게임 말>, 로드아일랜드 스쿨오브디자인 예술박물관, 2014. 저자 촬영.

서 서랍에서 꺼내야 했다. 큐레이터 지나 보로메오(Gina Borromeo)가 서랍에서 작은 상자를 꺼내 뚜껑을 연다. 지나가 나에게 상자를 건네면서 상자 속 사물을 '만질' 때 쓸 비닐장갑을 준다.

나는 손을 뻗는다.

처음에 나는 정확히 내 피부의 구멍과 뼈의 구멍이 맞닿도록 뼈를 만지지 못해서 낙담한다. 하지만 손을 뻗어 뼈를 들어 올리자마자 어떤 매끈함이 미리 느껴지는 듯하다. 수중에서, 스크린 같은 비닐장갑을 통해, 뼈의 미미한 무게가 느껴진다. 이 사물에 대해 알 수 있는 한 가지 역사적 사실이 명백히 참이라는 점이 머리를 스친다. 이 토큰은 오늘날에도 그렇듯 기원전 1세기에도 손바닥에 완벽히 꼭 맞았을 것이다. 그때나 지금이나 이 토큰은 동전처럼 손에서 손으로 쉽게 전달될 수 있다. 비닐장갑 손바닥 표면을 통해서조차 그 통화로서 흐름을 느낄 수 있다. 이것은 전달되기 위해 만들어졌다.

이 뼈는 기독교가 여전히 미래로부터 '비켜난 공간'에 있었을 때, 로마가 아직 아우구스티누스를 좇아 연극을 명백히 이교도적이라고 비난하기 이전에 깎였다. 가면이 그 자체로 무언가를 흉내 내듯, "뭔가 다가오고 있어"라고 외치는 이 조그마한 배우의 얼굴은 그리스 비극의 장면 중 아무거나 참조해 흉내 낸 것이라고 봐도 될 것이다. 이미 한 세기 전부터 로마제국의 심장에서 이러한 실천이 차용되었다. 이미 벌어졌지만 아직 아무도 마주하지 못한 일이자 발설하지 못한 것을 과감하게 말하는 전령인 이 매체에 의해 끔찍한 사건이 비극 무대에 도착한다. 그리스 비극의 관행에서 과거의 사건은 새로운 것 혹은 뉴스[new(s)]가 지닌 힘과 함께 뒤늦게나마 [관객을] 강타하기 위해 다시 벌어진다. 이때 새롭다는 것은 오로지 지나갔다는 이유로 성립한다. 로마인은 그리스 비극을 다시 무대 위로 올리되, 관객이 그 참상 모두를 볼 수 있게 재연함으로써 이전 관행을 바꿔 놓았다. 가령 메두사가 자식을 죽이는 장면처럼. 오이디푸스가 여전히 무대 밖에서 자기 눈을 찌르고 전령이 그 소식을 알리지만, 로마의 극작가 세네카(Seneca)는 이 소식을 들은 이오카스테(Jocasta)가 (소포클레스가 쓴 것처럼 '*ob skēnē*' 즉 '무대 밖에서'가 아니라) 무대 위에서 스스로 목숨을 끊게 했다. 하지만 무대 위에서였든 아래에서였든 분명 참상은 "뭔가 (또) 다가오고 있어"의 일종으로

(다시) 벌어졌고, 매체로서 가면의 외침은 이미 뒤늦은 경험을 새롭게 중개했다.

그렇다면 연극이자 뉴미디어로서 이 진행 중인 구식화 기계[뼛조각]를 통해 RISD 박물관 지하의 경험에서 중개된 것은 무엇일까?

물론 지하실에서 일어난 사건(지나가 상자에 담긴 뼈 원반을 내게 건네주고 내가 그것을 손에 쥔 사건)은 실시간인/살아 있는 사건이었다. 적어도 거기 있을 때 내가 살아 있었고 21세기 프로비던스의 박물관 지하 저장소의 아카이브에 속한 원반을 만나는 경험을 했다는 점에서 이는 분명 실시간인/살아 있는 사건이라 할 수 있다. 동전(일단 이렇게 부르기로 하자)이 진행 중인 장면의 일부라면(그 진행 중인 장면이 RISD 지하에서의 나의 '지금'만이 아니라 로마제국의 그 긴 세월까지 포함한다고 해 보자), 뼈로 된 얼굴과 나는 둘 다 진행 중이며 심원한 시간에 속한 **실시간인/살아 있는** 장면에서 각자 역할을 하고 있는 것이다. 나는 말하자면 연장된 순환의 장면에 측면으로 들어온 것이다. 이러한 지속이 존재한다고 주장하는 것이 무리수는 아니다. 우리는 21세기, 즉 후기자본주의적으로 "개발된" 세계를 사는 만큼 데리다와 잔니 바티모(Gianni Vattimo)가 말한 "세계라틴화(globalatinized)"(Derrida & Vattimo, 1998: 11)를 확고하게 겪는다(Mignolo, 2005: 92; Agamben, 2011 함께 참조). 다시 말해 로마제국의 폐기물에는 우리의 습관, 제스처, 사용하는 단어나 가정을 비롯한 살아 있는 것이 포함되며, 이 뼛조각이 그랬던 것처럼 이들은 제국의 진행 중인 소용돌이, 즉 몸짓 표류물(gestic jetsam)을 순환한다. 이로써 우리가 여전히 개선문의 그림자 아래 살듯, 작은 가면을 쓴 이 플레이어로 대표되는 제국의 영역에 살고 있다는 주장이 가능해진다. 우리가 이 제국에 살고 있다면, 단지 그 폐허에 있는 것이 아니라 그 폐허 즉 살아 있는 폐허**로서** 있다면, 도대체 누가 한 종류의 살아 있음과 다른 종류의 살아 있음, 그리고 한 종류의 무생성(inanimacy)과 다른 종류의 무생성을 구별할 수 있겠는가? 이러한 의미에서 우리는 뼈와 지나와 내가 작은 방에서 함께 살아 있는 것(alive)과, 진행 중인 장면의 시간 속에서 뼈의 "실시간성/살아 있음"을 완전히 분리할 수 없다.

지나, 나, 뼈, 비닐장갑, 조명, 탁자, 방 모두는 고유한 의미의 박물관 무대 뒤에 있는 지하실 장면의 일부로서, 바로

[그림 2.3] 로드아일랜드 스쿨오브디자인 예술박물관에서 일하고 있는 큐레이터 지나 보로메오, 2014. 저자 촬영.

이 실시간성/살아 있음 혹은 살고 있음, 이 지속되는 덧없음 그리고 다시 돌아오는 것에 참여한다. 비록 순간적이고 (우리는 뼈와 한 시간 동안 만났다) 지극히 평범할지라도 [아키비스트(archivist, 기록 보관 담당자)인 지나에게 이런 종류의 업무는 일상이다], 이 장면은 유의미한 지속을 보여준다. [이 장면 속에서] 뼛조각은 손에서 손에서 손으로 연장됐고, 손들은 뼛조각을 받으려고 [이를 향해] 뻗어졌다.

이 사물에 딸려 오는 손의 잔류물과 사용의 퇴적물은 무엇인가? 손에 잔여 하는 퇴적물은 무엇인가? 현재 그것이 우리 앞에 놓인 작은 상자에 자리 잡은 '유물'이 되었다면, 저 작은 혀는 이제는 낡아 버린 여타 장면과 사용에 대해 무엇을 알려 주는가?

학자들은 이 뼛조각과 유사한 뼈 원반, 게임 토큰 혹은 연극 입장권을 다양한 이름으로 불렀다. 언급했듯 오늘날 이 원반은 박물관 유물로서 가치를 지닌다. 더 이상 재화나 서비스를 위한 동전이나 입장권 혹은 보드게임 플레이어의 대용물로 교환되지 않는다. 오늘날 이는 예술로 통한다/전달된다(pass). 이 장면에서 [예술로서] 뼈는 이미 지나가 버린 것으로 설정된 역사적 사태에 둥지 튼 여타 장면들에 대한 증거가 된다. 그것이 동전이었다면, 시세는 바뀌었다. 연극 입장권이었다면, 공연은 한참 전에 종료되었다. 게임 토큰이었다면, 규칙은 바뀌었다. 그럼에도 이들 이야기는 마치 조각이 쌓이듯 원반의 여정이 사람의 손에서부터 시작되어 그 끝에서 RISD 박물관이라는 보존의 집에 안전하게 안치되고 아키비스트, 문의자, 시간을 여행하는 탐험가의 탈피하는 손들로, 그렇게 손에서 손으로 이어지는 [연쇄에서] 비닐로 보호받게 되었다는 가정에 덧붙는다.

그런데 잠깐. 이 지하실 장면에 빠진 것이 있을지도 모른다. 배우의 작은 얼굴이 가면의 작은 틈으로 무대 우측의 무언가를 본다. 개별 사물로서 뼈가 시작되고 끝나는 그 지하실에는 제스처에 의해 끝나지 않는, 그 면전에서 명백하게 드러난 비켜난 공간을 향하는 것이 있을지 모른다. 뭔가 지나가고 있다. 혹은 뭔가 다가오고 있다.

시작과 끝은 이렇다. 이 뼈가 자궁에 있는 모습을 상상해 보라. 다른 시간대에 다른 동물 몸속 다른 뼈에서 비롯된 잘 짜인 분자 단위 각본[유전 정보]의 드라마에 따라 동물 어미 안의 동물 태아에 자리 잡은 뼈. 이 뼈의 각본은 자궁 속에서 뼈가 된다. 이 뼈는 동물 종이라는 더 큰 뼈 존재의 일부로, [이러한 뼈의 탄생은] 세대를 가로질러 되풀이된다. 동물 뼈와 접촉한 인간 손의 뼈도 생각해 보라. 이 작은 뼈를 깎은, 그 작은 혀를 느끼고 말할 수 있게 한 최초의 손을 상상해 보라. 손가락 살에 의해 뼈로부터 분리되는 뼈. 그 인간 손의 뼈는 아마도 일찌감치 먼지가 되어 공기 중을 순환하거나 더 낫게는 몸 대 몸 훈련 또는 몸 대 몸 기술 전수를 통해 다른 손으로 도약했을 것이다. 다시 말해 바로 이 원반을 빚어내기 위해 모인 특정한 동물 몸과 인간 손이 없어졌다 해도 그 손의 일, 즉 뼈를 깎아 내는 수공예는 기술(technē. 체화된 신체적 훈련)로서 전수되어 잔여할 수도 있다. 바로 그 손, 즉 뼈를 만들어 낸 깎는 손, 드는 손, 건네는 손이 말이다. 바로 그 손이, 만약 손들이 서로 별개이지 않다면, 여전히 잔여 할지도 모른다. 누군가가 질문할 것이다. 그렇다면 무엇이 더 낡았을까? 어느 쪽이 더 회복력이 좋은가? 덜 덧없는가? 더 위험한 상태에 있는가? 뼈 원반과 살로 된 손 중에서 과연 어느 쪽이 그러한가? 혹은 뼈가 일러 주듯 관심을 측면에(지나가는 것들에 혹은 지나가는 쪽으로) 두는 편이, 즉 뼈에서 뼈에서 뼈에, 손에서 손에서 손에 두는 편이 낫다면, 그 기원에 대해 질문하는 것은 터무니없지 않을까? 우리의 간격 혹은 그 간격 자체로 존재하는 실시간성/살아 있음의 궤적은 만남의 물질을 가로지른다.

지나와 나는 함께 논의하면서 작은 원반을 주고받았다. 입장권이었을까? 동전이었을까? "그게 과연 무엇이었는지 사실 잘 모릅니다." 지나가 말했다. "하지만 동전은 아니었습니다." 지나는 꽤 단호했는데, 내 생각은 다르다. 그것이 동전이었을 것이라는 주장을 읽었노라고 지나에게 말했다. 연극사가이자 고전학자인 마르가레테 비버(Margarete Bieber)는 "연극 입장권"이었을 것이라고 주장한다(Bieber, 1961: 247). 엘리자베트 알푈디로젠바움(Elisabeth Alföldi-Rosenbaum)과 같은 이들은 이러한 "테세라"를 이동식 게임판 혹은 한곳에 고정된 모자이크 게임에 사용된 게임 말로 보기도 한다(Alföldi-Rosenbaum, 1971: 1-9). 하지만 게임 말이었다 해도 동전으로 사용되었을 가능성이 꼭 배제되지는 않는다. 아처 세인트 클레어(Archer St. Clair)의 주장에 따르면 게임 말은 "의심의 여지 없이 상행위에 쓰이거나 도박용 토큰으로 쓰였다"(Clair, 2003: 111). 그렇다면 연극에서는? 알푈디로젠바움은 토큰이 동전이 아니었다고 단호하게 주장하면서 동시에 비버에 강경하게 반대하며 토큰이 "연극과 전혀 관계가 없다"고 주장하기도 했다(Spielman, 2012: 11).

연극과 전혀 관계가 없을까?

아주 작은, 가면을 쓴 배우의 얼굴은 할 수만 있다면 내게 윙크를 할 것만 같다. 이렇든 저렇든 [연극과 상관이 없다는 주장과는] 전혀 다른 말을 하는 것이 분명하다. 그리스 극예술의 고대 뉴미디어라 할 만한 것이 이 사물에서 확연히 지속된다. 연극 자체에 쓰이지 않았거나 꼭 입장권이나 동전으로 교환되지 않았을지라도 말이다. 게임 혹은 순환이나 교환 비슷한 것 또한 당연히 동전만큼이나 연극에 속할 테니 말이다. 제니퍼 와이즈(Jennifer Wise)는 ≪디오니소스가 쓰다(Dionysus Writes)≫에서 "연극이 출현하기 직전에 동전 사용이 대두된 것은 연극 무대가 한때 그리고 지금도 상업적 공간으로 잔여 한다는 점을 보여 준다"고 밝혔다(Wise, 2000: 181). 교환을 위한 공간. 실제로 RISD 소장품이 있는 곳 위층에는 낙소스섬의 동전이 유리통 너머에서 나에게 윙크하고 있다. 연극의 신 디오니소스가 한 면에, 그의 최고위 사티로스(satyr)인 실레노스(Silenus)가 다른 한 면에 있다. 이 경우 동전 화폐와 연극은 (말 그대로) 동전의 양면이다. 적어도 유물로서 이 작은 뼈 토큰은 연극과 게임이 구별되지 않던[연극과 게임 사이에 매개적# 특정성(medial specificity)이 존재할 수 없던] 고대

이 글에서 슈나이더는 몇 차례에 걸쳐 'media'나 'mediatic' 대신

의 세계관에 따라 연극과 예술에 대한 우리의 현대적 이해를, 즉 종종 고급 예술과 대중 스포츠를 구별하는 매체 특정성이나 틀을 염두에 두는 오늘날 관점을 재조정하도록 한다. 그리스의 거대한 연극 축제는 결국 경쟁이었다. 다양한 엔터테인먼트가 펼쳐지는 활기찬 세계인 로마에서 관중의 마음을 얻기 위한 경쟁은 종종 과열되어 절정에 다다르기도 했다. 르네상스 역사가 스티븐 그린블랫(Stephen Greenblatt)이 주장했듯 예술 행사가 융성하는 곳이라면 언제나 경제적 교환(손에서 손으로 건네지는 동전)을 자극하는 "사회적 에너지의 순환"을 찾아볼 수 있다(Greenblatt, 1989: 1-20).

하지만 지나와 나는 디오니소스제가 열리는 도시에 있지 않았다. 우리는 박물관 지하실에 있었다. 게다가 우리

'medial'이라는 단어를 사용한다. 이는 통상적인 미디어 개념에 기대기보다 무엇이든 매개의 역할을 수행하는 순간 곧 매체가 될 수 있다는 급진적 전제를 강조하는 표현이다. 즉 기술적 장치나 기록물, 예술 작품의 물리적 지지체 등 이미 규정된 매체 범주에 주목하는 대신, 매개가 발생하는 조건과 그 작용 자체를 사유하려는 의도다. 이러한 맥락을 반영해 이 글에서는 'medial'을 '미디어적' 혹은 '매체적'이 아닌 '매개적'으로 옮긴다.

가 염두에 둔 플레이어는 (여전히 혀를 실룩거리지만) 전형적 의미에서 '실시간이지/살아 있지' 않았다. 그 뼈 얼굴이 무얼 보는지 정확히 알 수 없었고, 그가 듣는 것을 정확히 들을 수 없었다. 작은 가면을 쓴 뼈 얼굴은 인간의 손바닥에 들린 채 손가락이 넓게 원호 형태를 이루는 것을 '보거나', 손바닥을 향해 있다면 살의 생명선(fleshy lifeline)인 패인 주름을 '볼'지도 모른다. 사물이 감각이 있다면, 접촉에 취약하며 우리의 취약성과 접하는 참여자로서 사건에 참여한다면 말이다. 그러지 못할 이유가 있을까? 슬라보예 지젝(Slavoj Žižek)이 자크 라캉(Jacques Lacan)이라는 가면을 쓰고 읊조리듯 "나는 사물이 **나를 응시하는** 지점에서 [그 사물을] 볼 수 없다"(Žižek, 1992: 125. 강조는 글쓴이가 추가). 이 경우 사물은 다른 곳을 보는 가면 사이로 나를 본다.

'뭔가 다가오고 있어!' 그것이 외친다. 비켜난 공간을 향한 제스처로, 그것이 반복해서 말하는 비극을 부르며.

우리 주의의 가장자리, 즉 **옵스카에나**에서 "뭔가 다가오고 있다"는 것은 단순히 과거를 뜻하는 것일 수도 있다. 미셸 드 세르토(Michel de Certeau)가 누적되는 매일의 "대양적 요동(oceanic rumble)"이라고 이름 붙인 것(de Certeau, 1984: 5), 혹은 뒤쪽을 향해 나는 베냐민의 진보의 천사를 붙잡는 소위 구식화된 것을 쌓아 올린 쓰레기 우박/더미(hail) 말이다. 뉴미디어가 몸을 탈피시키거나 낡게 하는 것만 생각할 것이 아니라 **동시에** 이 관계를 반대로, 역으로도 생각해 보아야 할 것이다. 이는 여전히 '새로운 것'을 향한 우리의 방향 감각을 사로잡는 진보의 꿈에서 비켜나는 것이기도 하다. 미디어와 주어진 몸이 내부무생적이거나 도구로서-손/손으로서-도구로 깊이 얽혀 있다면, 하나가 어떻게 다른 것에 선행하거나 더 오래 잔류한다고 할 수 있겠는가? 이 질문은 시간이 지나면서 발현되는, 뒤처진 것의 고집스러운 지속을 묻는다. 즉 구식화는 그저 계속해서 계속될 따름이다. 연장된 지금이라는 (심원한) 시간 속 여러 방향으로 움직이며, 우르릉대는 북태평양 환류(Pacific Gyre)에 모여드는 뒤처진 미디어 물질만큼 빠르게 혹은 그보다 더 빨리 미디어 사이를 도약하면서 말이다.

몇몇 독자는 각자의 해석을 근거로 이미 이렇게 외치고 있을지 모른다. '오, 안돼! 뭔가 지나가고 있어!' 물론 우리 중 몇몇이 사진의 틀을 확장하는 작업을 해 온 것은 사실이다.

가령 고대와 선사 시대부터 있던 "포즈(the pose)"라는 재생적이며 인용 가능한 스틸(still)에서 19세기 발명품인 이 "포착의 화학 물질"에서 비롯하는 단일한 시야를 발견하는 작업이 있다. 드물게도 기술로부터 뒤로 물러나거나 곁다리로 빠져 고대 그리스 영화, 신석기 비디오 혹은 구석기 디지털아트에 집중하는 학문적 작업이 펼쳐지고 있다! 미디어를 심원한 시간을 통해 사유하고 '잔여'와 연관 지으면, '살아 있음'과 '지속(duration)'을 구분하는 과거의 범주는 더 이상 견고할 수 없다. 린다 몬타노(Linda Montano)나 테칭 시에(謝德慶, Tehching Hsieh)와 같은 퍼포먼스 작가가 라이브 아트(live art)로서 수년간 지속되는 작품을 만들었음에도(Gonzalez Rice, 2016; Heathfield, 2015), 실시간 사건(live events)이라는 것은 (예를 들면) 배우가 무대를 떠날 때 종결된다고 생각됐다. 라이브 아트 작품이, 말하자면 4만 년 혹은 그 이상 연장될 수 있다고는 생각되지 못했던 것이다. 매개적 사건(medial event. 중간 매개자를 거쳐 성립한 사건)이 시간상 앞뒤로 이동하며, 수십억 년간 이어지는 시간을 가로지를 수 있을까? 20세기와 21세기 초 퍼포먼스 연구를 지배한 덧없는 것으로서 라이브니스

(liveness)의 논리에 따르면 연극, 안무, 퍼포먼스 기반 예술 등 라이브 아트에서 아카이브에 기여할 수 있는 것은 사진, 전단지, 영상, 입장권 등과 같은 부산물, 즉 (낡은 주장을 따르자면) **퍼포먼스** 자체는 아닌 것밖에 없다. 몸적(bodily) 퍼포먼스 자체는 사라지고, 뒤처지면서 발생한 그 물질적 잔해만 남는다는 것이다. 이때 몸은 잔여의 방식이 아니라 구식화와 소실의 메커니즘이다. 그러나 앞서 인용했듯 "낡은 것의 스캔들은 바로 그것이 사라지지 않는다는 점이다".

내가 ≪수행하는 잔여: 연극적 재연 시대의 예술과 전쟁(Performing Remains: Art and War in Times of Theatrical Reenactment)≫에서 주장했듯 몸적 실천, 물리적 습관의 퇴적된 층위, 몸 내(in-body) 기술, 다양한 유형의 신체 단련은 잔여 한다. 이로써 퍼포먼스 기반 예술이 되풀이될 수 있다. 마르셀 모스(Marcel Mauss)가 명료하게 정리했듯 제스처는 몸의 (재)반복[(re)iteration] 기술로, 몸과 물질을 뛰어넘으며 '새로운' 출현의 흐름에 올라탈 수 있다. 이는 언제나 과거로부터 반복되는 것으로서 끄집어지는 제스처가 결코 새로운 것일 수 없으며 언제나 본질적으로 재출현하는 것임에도 그렇다(Noland, 2009: 16). 제스처의 본질적 반복 가능성(다시 말해 재반복될 수 있는 역량)은 "뭔가 다가오고 있다"고 말하는 **동시에** 그것을 향해 열려 있다. 즉 제스처는 새로 생겨나는 동시에 쇠퇴한다. 이로써 퍼포먼스 사건과 미디어 사건의 잔해는 그 사건에 대한 기록 문서이거나 유물적/인공적(artifactual) 증거물이거나 중개하는 기술인 만큼 (제스처가 몸에서 몸으로 도약할 수 있으므로 다시 제스처를 할 수 있는) 살아 있는 몸이기도 하다. 그렇다면 손은 악수라는 실시간 사건의 **잔여**인 동시에 미래에 새로운 혹은 다른 손을 잡을 수 있다는 각본이자 매체라 할 수 있다. 이와 마찬가지로, 새로운 모델이 출시되면 내던져지는 아이폰과 같은 휴대용 장치라는 잔여에 비추어 볼 때 이러한 장치를 던지는 손 역시 구성 요소로서 잔여 한다고 볼 수 있다.

그렇다면 손은 새로움과 구식화 모두의 구성 요소다. 손이 해를 거듭하며 탈피하고 세대를 거듭하며 나의 살과 뼈의 살과 뼈로 재생하는 와중에, 미디어의 반복은 모델에서 모델로 탈피하고 재생한다. 이는 '몸'이 몸이 관여하거나 몸에 관여하는 물질보다 더 안정적이고 본질적이라거나 언제나 동일하다는 말이 아니다. 그렇다기보다는 이로부터 되기(becoming)와 구식화가 동시에 여러 시간 방향으로 나아가는, 내부무생적이고 시간을 교차하는(cross-temporal) 매개된 만남에서 물질의 '살아 있음'이 과연 무엇인지 질문할 수 있다. 구식화가 몸적 매체인 만큼 몸 또한 미디어적 잔여다.

"미디어가 [비로소] 미디어가 되기 한참 전에 미디어가 시작된다"는 파리카의 단호한 진술에 영감을 받아 펼칠 수 있는 사유의 방향이 있다. 살과 뼈를 미디어적 시작점의 잔여(remainder)로서 (이게 올바른 표현이 될 수 있다면) 발굴해 내는 것이다. 나아가 이를 거듭되는 대리물(혹은 되풀이되고 대체하는, 대체하고 되풀이하는 잔여)로 볼 수도 있다. (빠르게 탈피하는) 미디어인 인간과 비인간 간 얽힘 속에서 인간은 어떤 종류의 (낡고 새로 드러나는) 잔여인가? 혹은, 어째서 소위 인간이라는 것의 구식화는 끈질기게 느린데 미디어는 이토록 빨리 탈피하는가? 다시 말하자면, 포스트휴먼 그리고 갈수록 깊이를 더하는 신유물론의 시도가 비인간과의 구성적 엮임을 거듭 선언함에도 불구하고 인간중심적 정향은 왜 이토록 느리게 벗겨지는가?

인간은 미디어를 손에서 손에서 손에서 쓰레기장으로

넘김으로써 기술이 빠르게 구식화하도록 했다. 이로써 한 보고서가 밝혔듯 전자 폐기물이 "지구를 4분의 3바퀴를 돌 만큼 줄 세운 40톤 트럭을 채울" 만큼의 상황을, 혹은 UN 개발계획 총재를 지낸 아힘 슈타이너(Achim Steiner)가 언급한 것처럼 "세계 전역에 전자 폐기물 쓰나미가 굴러다니는" 상황을 초래했다(UNNC, 2015). 분뇨를 비롯해 우리가 마주하는 생태적 문제는 우리의 취급(handling)을 필요로 한다는 점에서 우리가 반드시 붙잡아야/떠맡아야(take in hand) 할 문제인데, 그 와중에 우리는 진행 중인 미디어의 이 **몸적 잔여**까지 처리하는 데 어려움을 겪고 있다. 한편으로 뒤처진 미디어는 낡은 것으로 내쳐졌음에도 불구하고 여전히 **우리 손안에 놓여 있다**. 다시 말하지만 이는 인간이 주요하다거나 본질적이라고, 심지어 도구에 선행한다고 주장하려는 것이 아니다. 하이데거처럼 손을 인본주의의 모범적 상징으로 내세워 인간을 진보를 견인하는 특권화된 진화적 행위자로 간주하는 (구식의?) 유생성 위계를 취하려는 것 또한 아니다. 오히려 그 반대다. 바라건대 인간을 정점에 둔 유생성 위계는 곧 치명적인 인류세적 망상의 자투리처럼 박살 나고 타 버릴 것이다. 현재의 신유물론은 분자와 몰 단위의 세계 형성(worldmakings)의 관점에서 비인간과 인간의 얽힘에 주목하도록 한다. 이러한 탈식민 신애니미즘(neoanimism)은 인간(역사적으로 백인)을 모든 정점에서 적극적으로 끌어내려 물질과 미디어와 더불어 내부활동적(intra-active)이고 내부행위적(intra-agential)인 관계적 복합체를 이루려 한다. 인간은 여타 생물/유생적인(animate) 존재와 무생물/무생적인(inanimate) 존재와 함께, 그런 존재로서, 그리고 이들에 둘러싸여 순환한다. 여기에는 '우리'가 연장하고 뒷받침해 주는 다종의 미디어뿐 아니라 상호 대리(mutual surrogation)가 일어나는 진행 중인 드라마에서 '우리'를 연장하고 뒷받침하는 미디어도 포함된다. '우리'는 (여전히) '우리'의 미디어, 그리고 '우리'의 행성과 더불어 손에 손을 잡고 있다. 수십억 년 된 돌 조각이 우리의 휴대용 기기를 구성하듯, 뒤처진 미디어조차 여전히 우리 손에 있다. 또한 '우리' 인간들 역시 그들의 손에 남아 있다. 돌의 손, 무기물의 손, 물의 손, 공기의 손, 휴대용 기기의 손에.[13)]

사실상 뒤처진 것이야말로 잔여 한다. 나는 미디어고고학을 통해 장치의 잔여 하는 필수 구성 요소, 즉 후기 현대

사회라는 구식화의 바다를 여전히 떠다니는 생물학적 사용자(bio-user)와 잔여로서 몸을 발굴해 낼 수 있다고 제안하려 한다. 더-이상-살아-있지-않은(no-longer-live) 생물학적 사용자가 바다, 땅, 공기의 물질을 구성하고 사물의 잔여와 섞이듯 바다, 땅, 공기의 물질 또한 도구를 든 손 그리고 손을 쥔 도구를 구성한다. 물질이 물질로 탈바꿈하면서 이러한 잔여의 진행 중임은 인간 역사라는 심원하고 대양적인 순환의 시간뿐 아니라 모든 물질의 심원한 시간의 역사를 특징짓는다. 나는 여기서 크리스티나 샤프의 ≪배가 지나간 흔적을 따라: 흑인성과 존재에 대하여(In the Wake: On Blackness and Being)≫를 떠올리는데, 특히 중간 항로(Middle Passage)의 폭력적 여파에서 비롯된 진행 중인 잔여를 서정적으로 서술한 부문은 주목할 만하다. 중간 항로란 착취적 추출과 인간(그리고 비인간 동물과 물건)의 환태평양 순환을 가능하게 한 인신매매(flesh trade)의 항로를 말한다. 이 길은 백인 정착민 식민지가 추진하는 사업을 위해 아프리카에서 '신'세계로 노예의 노동력을 제공한다는 목적을 충족했다. 도중에 내던져지거나 뛰어내린 아프리카인 몸에서 일어난 일에 대해, 샤프는 우리가 감각하거나 느끼거나 아니면 알고 있는 세계의 물질적 흐름 속에서 진행 중임으로서 전해 내려오는 잔여물을 환기하면서 그들의 생물학적 물질의 분해와 재건에 대해 썼다. 샤프에 따르면 이들의 원자는 "오늘날까지도 저 먼 바다 속에 있다". 샤프가 읊조리듯 과거에 뒤이어, 과거는 지나가지 않고 "여전히 우리와 함께 있다"(Sharpe, 2016: 40, 62). 그러므로 우리는 다시금 상기하게 된다. 낡은 것의 스캔들은 바로 그것이 낡지 않았다는 점이라고.

내부무생성

나는 소위 낡거나 흔적으로 남은 미디어, 즉 연극, 영화, 텔레비전, 구석기 시대 암석화, 보디 아트, 라이브 아트 등 새로운 것의 반대편에 있는 모든 미디어의 반향(反響)하는 삶에 관심이 있다. 이러한 미디어는 새로움의 첨단이 아니라 뒤처진 것의 엉긴 외피에 깊이 박혀 있거나 휘감겨 있다. 연극은 우리가 생각할 수 있는 가장 낡은 미디어 중 하나라고 볼 수 있지만, '실시간으로 펼쳐지기/살아 있기

(live)' 때문에 바로 끝장낼 수는 없다(연극이 이미 죽었기 때문에 끝장낼 수 없다는 주장도 가능하다. Schneider, 2011). '실시간으로 펼쳐지는/살아 있는' 예술과 기록본 혹은 다른 방식으로 '실시간이 아닌/죽어 있는' 작품 사이의 경계를 잡아내기란 상당히 어렵다. 실시간 퍼포먼스 자체가 흔히 죽은 자로부터 구성되는, 더 잘 설명하자면 산 자의 몸을 통해 죽은 자가 재생(play back)할 수 있도록 하는 매체라는 점에서 더욱 그렇다. 예시는 많겠지만 햄릿의 아버지 유령만 생각해 봐도 그렇고, 잠시 동안 산 자의 몸을 타고 조상이 우리를 다시 방문할 수 있도록 하는 (소위 '원시적'이거나 낡았다고 하는) 빙의의 무아지경 실천은 말할 것도 없다. ≪햄릿≫에서 죽은 왕은 사실(record)을 바로잡기 위해 귀환하는데, 이로써 연극이 기록본(recording) 혹은 다른 흔적의 메커니즘에 비해 실시간이라는/살아 있다는 단순한 주장과 대치되도록 실시간과 기록의 위상을 뒤집는다. 흔적은 죽은 자와 마찬가지로 실시간으로/살아서 자리할 수 있으며, 실시간 사건/산 자 또한 죽은 채로 자리할 수 있다(고 볼 수 있다). 이로써 과거에 실시간이었던/살아 있던 몸과 매개적 기술(medial technology)을 구

별하던 유생성과 무생성의 구분이 혼란스러워진다.

최근 연구를 가로질러 나는 살아 있음은 죽어 있음(deadness)만큼이나, 무생성은 유생성만큼이나 속임수에 불과하다고 주장해 왔다. 그렇다면 '낡음'은 '새로움'만큼이나 우리를 농락하며, 그 반대 또한 성립한다고 볼 수 있다. 실시간인/살아 있는 행위와 매개된 행위 사이 경계가 흐트러진다면, 낡음과 새로움을 구별하는 우리의 습관 또한 마찬가지로 흔들릴 것이다. 우리가 살아 있는지 살아 있지 않은지는 그 구별을 분석하는 우리의 습관에 달려 있다. 이와 동시에 이러한 구별은 '그들'로부터 '우리'를, '그것'으로부터 '나'를 구분하게 한다. 멜 첸은 ≪유생성들≫에서 인본주의적 유생성의 위계를 주의 깊게 역사화하며 풀어놓는데, "무생적 삶(inanimate life)"과 같은 [개념으로] 한계를 위반하고 위계를 흔듦으로써 유생성과 무생성 모두를 퀴어링한다(Chen, 2012: 11, 23-55). 다수의 생기론적 신유물론자가 제안하듯(Bennett, 2009도 여기 해당한다) 물질성에 모종의 생을 다시 부여하려 하기보다 "살아 있는 영역과 죽어 있는 영역을 이러한 개념으로부터 멀리 떨어뜨려 재배치하고, 그 퀴어링되고 인종화된 배치 내에서 정동을 고려할 수 있도록 유생성을 유용하게 활용해야 한다"(Chen, 2012: 11).

이전 절에서 언급했듯 나는 도나 해러웨이를 따르는 캐런 바라드와 같은 신유물론자를 따라 최근 상호무생성(interinanimacy)을 내부(무)생성[intra(in)animacy]으로 재배치하는 작업을 해 왔다. 내부무생성은 우리의 둘러싸임(amongness), 곁에 있음(besideness), 함께 있음(withness), 다시 함(againness)과 같은 까다로운 영역을 더 잘 다룰 수 있다. 또한 본질화된 "사이에 있음(betweenness)"으로 우리의 범주를 한정할 수도 있는 접두사 '상호-(inter-)'의 위험을 방지하기도 한다. 접두사 '상호-'는 전통적인 이분법적 용어들에서 발견되는 특정한 서구의 적대 관계를 되풀이하는 경향이 있지 않던가? 이 적대 관계는 진보지향적인 변증법적 도구로도 알려져 있는데, 그것은 야만-문명, 낡음-새로움과 같은 쌍이 위계적 '인정'[14]을 위한 주인과 노예의 투쟁에 끊임없이 참여하게 한다. '내부-(intra-)'라는 접두사는 살아 있음과 죽음, 생물/유생적인 것과 무생물/무생적인 것 같은 이분법적 용어의 습관적 관계를 흐트러뜨리고 이 양극이 이원적으로 혹은 적대적으로 다투지 않게 하는 데 도움이 되지 않을까?

이 절을 시작하면서 언급했듯 라이브 연극만큼 뒤처진 것도 이 지구상에 얼마 없을 것이다. (일종의 학술적 셀피 혹은 얼굴 위 얼굴이라는 가면처럼 특별히 연극적인 행위인) 자기 인용을 통해 이 문제에 뛰어들어 보겠다.

오래도록 라이브 연극은 스스로를 죽은 셈 쳤다. 우선 사진에 한 번 죽임을 당하고, 영화가 또 한 번 죽였다고들 말한다. '신기술'의 긴 행진에서 연극은 구식화의 정식 회원이라 할 수 있다. 게다가 연극은 스스로의 목숨을 끊어 놓기도 한다. 선견지명 있는 근대의 주요 인물들(졸라, 스타니슬랍스키, 아르토)은 연극이 내부로부터 스스로 목을 조르는 관습에 대해 끊임없이 설명한 바 있다. 연극은 오래도록 자신을 갉아먹는 게걸스러운 기생충이자 자신의 영구적 파산의 원인이었다고 볼 수 있다. 그것은 죽었는데, 이미 죽어 버렸기 때문에 단순히 죽일 수는 없는 것이다. 연극 혹은 (퍼포먼스 혹은 수행적인 것과 같지는 않은) 연극적인 것과 교섭하는 작품이라면 무엇이든지 바로 그 교섭 때문에 망하거나 (누군가는 이 경우를 더 최악이라 말할 텐데) 폐허 내에서 꼼짝 못 하게 될 것이다. 시각예술과 미디어사에서도 연극의 폐허 가치에 투입되는 끈질긴 투자 내역을 추적할 수 있다. 그것은 우리가 미워하기 위해 사랑하는 썩은 것이다. 포기를 모르는 썩은 것이다. 연극적인 것(여성스러운 것, 퀴어한 것, 완전히 죽지 않은 것, 살아 있는 몸의 기색을 더한 것)은 당신이 돌아볼 때마다 항상 그곳에 있다.(Schneider, 2012: 159)

이 인용문에서 내가 갱신했거나 갱신하지 않은 내용을 확인하고 싶다면 내가 이전에 쓴 글을 [스크린에] 띄워 보기 위해 당신이 사용할 기술로 직접 '원본'을 찾아봐야 할 것이다. 이처럼 손에서 손으로, 장치에서 장치로 [전달되는] 인용문은 탈피하는, 거듭 에어브러시 처리 되거나 각질을 제거하는 기술을 통해서 접할 수 있는 구전문학의 일종이다. 인용문은 [여러 사람이 사용한] 가면의 마우스피스들, 혹은 아이폰 모델을 갈아타듯 여러 세대를 거쳐 대체되는 배우들의 실룩이는 혀를 가로지르는 흐름처럼 여러 세대의 미디어를 통해 전달된다. "연설을 하려거든, 바라건대, 내가 읊어 준 대로 하라." 햄릿은 "혀로 춤을 추듯"

하는 연극적 기교라는 장치를 통해 희극의 막을 열고자 준비하는 배우에게 이렇게 말했다. 이때 술술 흘러나온 햄릿의 연설은 혀의 실룩거림이나 움직이는 손의 제스처처럼 배우, 인쇄된 2절판 책(folio), 책, 영화 영사기, 디지털 스크린을 통해 다시 손으로 자꾸만 돌아온다. 잔여 하는 것은 도약하는 제스처다. 미디어를 통해 혹은 미디어로 넘겨지거나 가로지르는 것은 그 전달에서 혹은 그 전달로 구식화된다.

연극 연구란 바로 뒤처진 것의 재생이라고도 할 수 있다. 예를 들어 세네카의 <오이디푸스>를 재-연(re-play)한다는 것은 최신 몰입형 기술을 동원해 이오카스테가 무대 위에서 죽어 있을 때 사용자 관객이 가장 생생하게 살아있다고 느끼도록(혹은 그 반대가 되도록) 하는 것이라 볼 수 있다. 이는 비단 '가장 새로운' 기술이 흔히 상연 중인 과거를 지탱하기 때문만이 아니다. 선사 시대의 스크린 문화가 진행 중임을 생각해 볼 때, 우리가 보고 나 또한 제안하건대, 과거가 구식화라는 진행 중인 외피를 쓰고 아주 잘 살아 있기 때문이다. 가령 로마제국의 개선문은 끝이 나 저편으로 넘어가거나 사라지기는커녕 컴퓨터 화면으로 재차 순환되며 잔여 한다. 베수비오(Vesuvius)에서 알베르티[레온 바티스타 알베르티(Leon Battista Alberti)]에서 카메라에서 디지털 이미지로 시점의 기하광학이 확장된 것을 고려하면, 개선문이 표방하는 문턱의 실증적 기술은 어쩌면 진행 중인 제스처로서, 컴퓨터 스크린의 이행과 공명하며 여전히 잔여 하는 것일까? 개선문이 잔여 하도록 전달되었고 상영을 위한 장치로 재순환된다면, 디지털 스크린은 로마제국과 그 실증적 관계를 함께 끌고 들어오지 않을까? 그렇다면 스크린이 담고 있는 이러한 실증적 '무언가'는 일상적 관계 속에서 스스로를 조직하는 몸과 더불어 기본적인 제스처 같은 것을 이루지 않을까? 다음의 질문이 적절할지 생각해 보자. 개선문은 구성 요소가 되는 잔여 혹은 진행 중인 장면의 물질 조각으로서, 나의 과거 인용문이 지금 이 텍스트에 살고 있듯 스크린에 거주할까? 로마에서 멈추지 말자. 우리는 '새로움'을 더 오래된 것으로 만들어 버릴 수 있다. 카자 실버먼(Kaja Silverman)은 ≪가시적인 세계의 문턱(Threshold of the Visible World)≫에서 구석기 시대 동굴 벽화에 예견된 영화의 경계 혹은 문턱에 해당하는 형식을 발견했다(Silverman, 1995: 195). 그렇다면 구석기 시대의 것을 사라진 것으로 제한해 생각할 것인가, 아니면 그러한 구식화를 (선사 시대 그 자체처럼) 진행 중인 것으로 이해할 것인가? 후자라면, 이로써 구석기 시대 미술은 미디어 잔여가 되는 걸까? 나아가 그것이 실시간이다/살아 있다고까지 말할 수 있을까?

기억을 더듬어 보자면, 앞서 RISD 박물관 지하실에서 뼛조각을 손에 들고 제기했던 질문 중 하나가 바로 뼈가 살아 있는지, 그리고 이러한 질문을 던짐으로써 무엇을 성취할 수 있을지였다. 이에 대한 탐구는 소위 라이브 아트(가령 연극이나 안무)와 이전에 사물 기반 혹은 미디어 기반이라고 알려졌던 예술을 분리하는 문제적인 역사적 경계와 일부 관련이 있기도 하다. 이러한 분리에 따르면 물질성과 미디어 혹은 기술 또한 종종 라이브니스나 생물학적 배우(bio-actor)와 불합리하게 구별된다. 이 문제와 관련해 펼쳐진 수많은 논쟁을 여기서 다시 반복할 필요는 없다. 소위 인간 배우의 라이브니스를 기술적 미디어 혹은 포착의 장치가 지닌 기록됨(recordedness), 흔적됨(traceness), 보철됨(prostheticness)('살아 있음'의 반의어를 골라 보시라)과 구별하는 오랜 경계는 한동안 제대로 가동되지 않았으니 말이다.[15] 그렇더라도 뼈 원반이 살아 있다는 제안을 어떻게 받아들여야 할까? 로빈 번스타인(Robin Bernstein)을 따라 이를 "각본적(scriptive)인 것"으로 쉽게 생각해 볼 수 있다(Bernstein, 2009: 69). 이 원반은 손에서 손에서 손으로 가는 길목에서의 사건으로 존재하며, 이 원반이 관여하는 혹은 원반에 관여하는 살아 있는 몸들에 친밀하게 연관되어 있다. 수중에 있는 원반이 내부(무)생화를 발휘한다고(손의 도구 되기, 도구의 손 되기), 혹은 도구로써 손에 덮어써진다고도 볼 수 있다. 이러한 방식으로 이해한다면 뼈는 행위자성이 부여되어 개별적 물질성으로부터 물질성의 내부작용, 그것의 함께 있음, 그것의 궤적으로 나아가며, 그 존재가 순환하는 환류(gyre)로까지 연장될 수 있다. 그것은 물질로서 다른 물질과, 그리고 잔해로서 다른 잔해와 순환한다. (뼈를 들고 있는) 내 손이 양면이 있는 이 작은 파편과 마찬가지로 잔해라 할 수 있다면, 이 뼈는 잠시 동안 손과 더불어 순환한다. 이렇게 생각해 보면 우리는 뼈에게 뼈를 건네는 살을, 살에게 살을 건네는 뼈를 줄 수 있게 된다. 뼈로 된 토큰과 살로 된 제스처 중 무엇이 먼저인지 혹은 더 오래가는지는 내부무생성을 해명하는 일에 비하면 그다지 흥미로운 질문이 되지 못할 것이다. 인간에서 인간, 인간에서 사물, 사물에서 인간 중 그 방향이 어떻든 잔해 조각은 그 순환에 자리한다. 우선순위를 정하듯 유생성과 무생성을 결정하는 일은 아마도 불필요할 것이다.

2003년 에세이 "포스트휴먼 수행성: 물질은 어떻게 물질이 되는가(Posthumanist Performativity: Toward an Understanding of How Matter Comes to Matter)"에서 바라드는 상호작용(interaction)과 내부작용(intra-action)을 구분한다.

> **내부작용**이라는 개념은 (독립적인 개체/관계항이 선행적으로 존재한다고 상정하는 '상호작용'과 달리) 심오한 개념적 전환을 상징한다. 현상의 '구성 요소'의 경계와 속성은 특정한 행위자적(agential) 내부작용을 통해 확정되며, 그 체화된 특정 개념이 의미를 띠게 된다. ('관측 장치'의 특정한 물질적 배치를 수반하는) 특정한 내부작용은 (내재적 구분을 뜻하는 주체와 객체 사이의 데카르트식 절단과 대조되는) **행위자적** 단절을 도입해 '주체'와 '객체'의 분리를 [내재적인 것으로 만들어 버리기보다] 시행한다.(Barad, 2003: 815)

내부무생화에 '내부-(intra-)'가 도입됨으로써 생물/유생적인 것과 무생물/무생적인 것이 단절이나 간격을 통해 서로 구별되고 **또한** 함께 된다(cobecome)고 볼 수 있다. [이러한 작용은] 여러 내부 행위자 간 교환의 간격에서 어느 것이 본질적으로 선행하거나 내재적이지 않은, 즉 결과적으로 구별이 없는 관계 속에서 혹은 관계로서 일어난다. 예를 들어 '수은 중독'이라는 경험을 바탕으로 수은과 함께 살아가는 일을 서술한 첸은 숙주가 된 자신과 무기질이 유생성과 무생성을 공유한다고 언급한다. 첸이 퀴어 친밀성(queer intimacy)이라 부르는 것에서는 그와 무기물 중 삶을 살아가는 것이 어느 쪽인지 확정해 구분할 수 없다. 각각이 곧 서로가 되기 때문이다. 상호작용이 아닌 내부작용을 통해 각각이 상대방의 눈을 통해 본다. 내부작용을 **재반복적**(reiterative)인 것으로 사유하려면 우리가 서로의 차이를 가로질러, 미디어로서 그리고 미디어를 통해 서로 교차 되기(cross-become)를 한다는 점에서 내부작용이 모방적(mimetic)[이는 분명히 재현적(representational)과는 다르다]일 수 있다는 것을 이해해야 한다. 다시 바라드로 돌아가 보자. "물질이란 고정된 실체를 일컫지 않는다. **물질**

은 내부작용적 되기로부터 발생하는 실체다. 사물이 아니라 행위, 행위자성의 응고다. 물질은 반복적(iterative)인 내부 활동의 안정화 및 불안정화 과정이다."(Barad, 2003: 822. 강조는 원저자) 여기서 바라드의 "반복적"이라는 말을 언급하기 전에 내가 "재반복적"이라는 단어를 사용한 것을 알아챘을 것이다. 반복하다(iterate)의 사전적 정의가 정확히 "거듭(repeatedly) 수행하거나 말하다"라는 뜻이기 때문에 이러한 선택을 했다. 반복(iteration)은 언제나 이미 재반복(reiteration)이며, 재반복은 곧 반복이다. 되풀이(repetition)란 단절을 표방함으로써 역설적으로 언제나 차이를 위한 문을 (다시) 여는 되기의 방식일 것이다. 캐리 놀런드(Carrie Noland)는 ≪행위자성과 체화(Agency and Embodiment)≫(2009)에서 살아 있고 체화된 제스처(말하자면 수공)를 반복 가능성(iterability)의 기술로 소개할 뿐 아니라 선사학자 앙드레 르루아구랑(André Leroi-Gourhan)을 통해 기술적 매체와 생물학적 사용자를 구별해 취급하는 사고 습관을 바로잡으려 했다. 놀런드가 우리에게 상기시키기를, 글쓰기와 미디어에 대해 글을 쓰는 미디어 이론가들은 르루아구랑의 선사학에 기대어 기술 혹은 보철 기구와의 구성적 관계를 벗어난 인간 본성이란 상상할 수조차 없다는 주장을 전개했다. 르루아구랑을 통해 이들은 "인간은 보철 기구 … 와 형성적 관계를 맺음으로써 특정한 방식으로 체화된, 그들이 갖고 있는 몸을 갖게 되었다"고 상정한다. 하지만 놀런드에 따르면 보철 기구를 강조한 몇몇 미디어 이론은 르루아구랑이 "이러한 도구를 조작하던 제스처도 마찬가지로 힘주어 강조했다는 점"을 간과한다. 이들이 **손에 쥐는**(in hand) 도구, 말하자면 반듯한 선형적 발전이라는 등식의 한쪽에만 특권을 부여했다는 것이다. 이로써 내부 활동, 즉 르루아구랑이 강조한 "살아 낸(lived), 육체적(somatic)·운동감각적(kinesthetic) 경험"을 가려 버렸다. 르루아구랑에게 제스처라는 행위와 도구를 사용하는 손은 이미 그 자체로 도구[민족지학자가 대체로 동물성(animality)에 부여하는 도구]일 뿐 아니라 손에 의해 사용되는 도구는 그 무엇이기 이전에 제스처(제스처들)다. 손이 제스처를 만드는 만큼이나 제스처가 손을 만든다(Noland, 2009: 94).[16] 그리고 제스처는 아비털 로넬(Avital Ronell)이 말했듯 언제나 관계를 개시한다. 달리 말하자면 극소하든[마이크로초(100만분의 1초)] 폭넓든

(4만 년) 통로가 될 수 있는 간격을 실체화한다.

손에 쥔 돌에 쥔 손

에드문트 후설(Edmund Husserl)이 제시한 유명한 은유를 상기하자면, 만지는 손은 만져지는 손이기도 하다. 이러한 은유가 상징적으로 나타내는 교차(chiasm)를 사유한 모리스 메를로퐁티(Maurice Merleau-Ponty)는 미래가 곧 과거이며, 과거가 곧 미래라는 결론에 도달한다. 어쨌든 교차의 논리를 다시 한번 따라가 보면, 손이 바위 표면으로 연장된 것만큼이나 어쩌면 동굴 벽이 손을 사용하기 위해 호명한 것이라고 생각해 볼 수 있지 않을까? 혹은 그림을 그린 사람의 손을 동굴의 보철 연장 혹은 도구라고 생각해 볼 수 있지 않을까? 우리가 인간을 완전히 무시한다면, 네거티브 기법으로 표현된 손자국에서 붉은 황토와 암석이 서로 호명하고 응답하는(call and response) 관계에 관여할 수 있지 않을까? 구석기 시대 장면에 들어온 21세기 손으로서 건네는 나의 응답은 4만 년 동안 진행된, 놀라운 속도

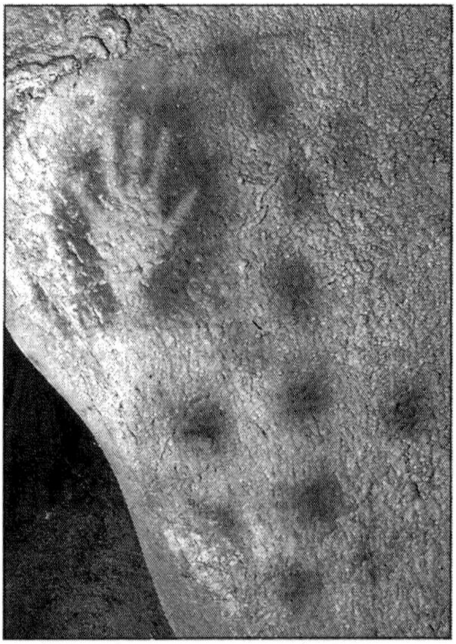

[그림 2.4] 페슈메를 동굴의 손, 구석기 시대, 프랑스 로트. 위키미디어 코먼스.

로 연결되는 진행 중인 사건에 대한 것이기도 하다.

도구와 몸은 포즈와 몸, 제스처와 사물, 사물과 사물, 몸과 몸처럼 서로를 상호구성(co-constitute)한다. 이는 언제나 실시간인/살아 있는 모방적 교환에서 구성되고 재구성되는 반복으로서 상호적이고 되풀이되는 만남과 실천에서 일어난다. [주의: 모방(mimesis)은 재현(representation)

과 다르다.] 라이브니스는 무생적으로 보이는 도구를 사용하는 유생적으로 보이는 사용자에만 있는 것이 아니라 이 모두를 완전히 아우른다. 혹은 놀런드가 표현하듯 "양쪽으로" 발현된다. 둘 중 하나가 앞서거나 뒤서거나 하지 않는다. 서로가 서로를 구성한다면, 혹은 프레드 모텐이 서술한 것처럼 즉흥적으로 만들어 내거나(improvise) (Moten, 2003a) 첸이 쓴 것처럼 퀴어하다 할 수 있는 친밀성과 더불어 서로에 상호 거주한다면, 손과 도구 그리고 유생적인 것과 무생적인 것을 분리하는 일은 외려 이상해 보이기 시작한다. 이러한 맥락에서 내부(무)생화라는 단어(내가 모텐이라는 환류와 존 던으로부터 길어 올린 단어)에는 내가 즉흥적으로 '상호-'를 '내부-'로 바꾸었음에도 여전히 울림이 있다. 1612년 던의 시 "황홀(The Ecstasy)"에서 **상호무생화**(interinanimate)라는 단어는 성교 중 서로 꼭 끌어안은 연인을 묘사한다. 둘은 묘소의 조각처럼 아주 가만히 있는데, 이 시에서는 이들이 정말로 조각인지 명확히 드러나지 않는다. 황홀의 정점에서 돌일지 모르는 것의 살아있음과 살아 있는 이들일지 모르는 것의 정적은 구분할 필요가 없다. 서로의 몸을 잡고 있는 손 사이의 [없다시피 한]

간격에 끼어들 여지가 없다. 어쨌든 황홀이란 로마 가면의 두 얼굴을 한 비극처럼 어쩌면 언제나 비켜난 곳에서부터 오는 것일지 모른다([황홀이라는 단어는] "곁에 있거나 서다"라는 뜻의 그리스어 '*ek-stasis*'에서 유래한다).

발리 엑스포트(Valie Export)의 사진이-된-퍼포먼스(performances-become-photographs)인 <몸의 배치(Körperkonfigurationen)>에서는 돌과 살(stone-flesh)의 친밀성이 상호적 되기 혹은 완전히 구별하기 어려운 '무언가'와 함께하는 위태로운 삶을 나타낸다. 이 1976년 작품들에서 인간 형태는 인간에 의해 형태를 갖게 된 건축물에 의해 모양 잡힌다. 손에 쥔 원반, 뼈 위의 손처럼 말이다.

이 연작에서 엑스포트는 건축물과의 관계 속에 자신의 몸을 위치시켰다. 몸의 취약성과 불안정성이 돌과의 관계에서 도드라지는데, 이때 몸의 견고한 [건축] 구조 역시 부각된다. 상호적 지지와 상호적 취약성의 관계가 이 작품에서 나타난다. 살아 있는 것의 한계와 건축물의 살아 있음은 유생적인 것과 무생적인 것을 구별하는 우리의 익숙한 습관의 바깥에 관여하도록 한다. 이 이미지를 독해할 때, 살만큼이나 돌로부터 내부무생화와 내부취약성이 부상한다.

[그림 2.5] 발리 엑스포트, <테세우스 신전(계단)[Theseustempel (Stufen)]>, 1982. ⓒ 발리 엑스포트, 빈 빌트레히트, 2018. 발리 엑스포트 소유.

[그림 2.6] 발리 엑스포트, <WVZ 229>, 1982. ⓒ 발리 엑스포트, 빈 빌트레히트, 2018. 발리 엑스포트 소유.

무엇이 무엇을 만드는지(만들었는지)는 생각보다 불분명하다. 돌은 몸만큼 뚜렷하며 몸은 돌만큼 뚜렷하다. 이러한 표현에서 행위자성은 상호적이고, 내부무생적이며, 내부활동적이다. 나아가 이러한 제스처가 현재 우리의 논의로 이행할 수 있게 해 주는 것이 돌, 뼈, 살이 아니라 당신이 이 글을 손에 쥐거나 스크린에 띄울 수 있도록 디지털 파일로 변형된 사진 이미지라는 사실 또한 주목하자. 돌/살이 다른 수단을 통해 당신의 눈에 들어오고, 혈액 속 수은처럼 물리적으로 당신과 접촉하게 된다. 다시 말해 카유아가 다룬 종간 흉내 내기, 많은 이들이 언급한 빙의의 무아지경처럼 "한번 접촉한 존재는 연결된 채로 잔여 한다"(Caillois, [1935]1984: 25). 또한 질 들뢰즈(Gilles Deleuze)는 건축물이나 빙의의 무아지경, 수은 중독, 모방에 대해서는 아니었지만 사유에 대해 이렇게 암시했다. "다른 이(another)가 언제나 내 안에서 사유한다."(Deleuze, 1994: 199-200)

아마도 미디어에 대한 표준적 접근 방식은 매개적 기술 및 미디어 사물이 전진하며 변화하는 모습을 더 열심히 기록하려 할 것이다. 구식화와 새로움을 시간을 가로지르는 미디어의 산물이자 결정적 특징으로(잔여로) 보기보다, 일부 미디어는 뒤처진 것으로 판단하고 다른 미디어는 새로 등장한 것으로 소개할 것이다. 웬디 희경 전이 ≪동일하게 남기 위해 업데이트하기: 습관적 뉴미디어(Updating to Remain the Same: Habitual New Media)≫(2016b)에서 충분히 탐색했듯 위기를 나타내기 위해 필요한 비켜난 공간을 향하는 제스처('뭔가 다가오고 있어!' 혹은 '뭔가 지나가고 있어!')는 그 자체로는 새로운 것과 거리가 멀다. 올드미디어의 사물이 쓰레기 더미에 버려지거나 미술관에 기증된다면, 한때 새로웠던 사물과 사용자의 몸이 엉겨 있던 몸적 습관은 어떻게 되는 걸까? 이들은 어디로 가 버렸나? 진작 탈피되어 사라진 것일까? 혹은 손이 하는 역할이 휴대용 사물 또는 손에서 손으로 넘겨지는 사물에 남겨지는 것과 같은 잔여의 방식이 가능한 걸까? 혹은 무언가, 예를 들어 입체경을 사용할 때 눈이 구성 요소가 된다는 사실을 염두에 둔다면, 살아 있는 눈이 탈피한 미디어 내에 혹은 그것으로서 잔여 할까? 보는 행위 자체가 입체경을 통해 보는 행위에 포함될까? [일반적인 의미의] 쥐기 자체가 장치를 쥐는 행위의 일부일까? 손에서 손으로 건네기라는 물질화된 행동이 다른 사용자에게 입체경을 전달하는 행위를 구성할까? 다시 말해, 장치를 작동시키거나 이와 연관되는 물질적 행위가 물질적 기술의 잔여라고 할 수 있을까? 텔레비전 리모컨이나 팝콘 한 바가지만큼 자주 건네지지 않고 뒤처진 것이라 불리는 입체경의 경우에서도? 만약 그렇다면, 관계 속에서 몸을 가로질러 작용하며 여전히 사용되다 말다 하며 실룩이는 침입적 수행(irruptive performance)의 계보는 가면 쓴 로마 배우의 혀처럼 미디어고고학에서 아직 덜 발굴된(under-mined) 영역일 것이다.

세대를 가로질러 뼈에서 뼈로, 살에서 살로 탈피하고 재생하는 와중에 주목해야 할 것은 몸의 역할이다. 이 몸은 끊임없이 중개되는, 낡음과 새로움의 외침을 전하는 미디어의 생산 및 전파의 가운데에 있다. 뭔가 다가오고 있다! 뭔가 지나가고 있다! 또! 또다시, 사건은 이전에 결코 보이거나 경험되지 않았던 무언가로, 손에 닿지 않다가 손 가까이로 끌어당겨졌거나 손과 가까웠지만 닿지 않도록 밀려난 무언가로 스스로를 감출 것이다. 구식화라는 거듭되는 재생산에 집단적으로 종속되는 것을 제국의 체화된 습관으로 특징지을 수 있지 않을까? 구식화는 물리적 습관이자 학습된 경험이지 않을까? 구식화는 마치 피부와 같은 탈피하는 미디어의 일종의 습관, 진행 중이고 실시간인/살아있는 습관 아닐까? 이는 미디어의 잔여 일부로 여길 수 있는 사용하거나(use) 버리는(refuse) 몸짓의 일종이지 않을까?

이렇게 생각해 보자. 사진이나 동전 같은 사물이자 중재자가 손에서 손으로 전달될 때, 그 사진이나 동전이 다른 사물로 교환되거나 대체되어 손에서 손으로[동전에서 종이에서 플라스틱 신용카드로, 철판 사진(tintypes)에서 스냅숏에서 손에 쥔 디지털 기기로] 전달될 때, 그 전달 자체는 진행 중이라 할 수 있는 미디어의 장면에서 어떤 지위를 차지할 수 있을까? 휴대용품을 전달하는 손은 미디어의 잔여, 즉 구식화라는 탈피의 부품이자 요소라고 할 수 있지 않을까? 전파(transmission)의 장면에서 인간 몸이 유일한 몸[요소]이 아니라 해도 전파 자체(어쩌면 관계의 간격)는 매개적 잔여 같은 것이라고 할 수 있지 않을까?

첨단의 정반대로, 즉 구식화로 돌아왔다. 뼈까지 시려오게 할 "여봐, 거기 당신, 뭔가 다가오고 있어!"라는 외침, 응고되고 끝없는 외침의 되풀이로. 실룩이는 고대의 혀가 보고 또다시 보라며 나를 도발하는 호명을 중개한다. 상

[그림 2.7] 휴대폰 스크린 속 <게임 말>, 2018. 저자 촬영.

영과 재상영 중 무엇이 먼저인가? 그 뼛조각을 당신에게 그림 2.7로 보낸다.

뭔가 다가오고 있다: 지질학적 과거

연속극 <스타 트렉>의 세 번째 시즌 중 22회 에피소드 "야만의 장막"에 이런 대화가 등장한다.

스콧: 그게 인간처럼 보입니까, 스폭 씨?

스폭: 흥미롭군요. 잠깐 거의 광물처럼 보였습니다. 마치 무거운 집게발이 있는, 살아 있는 암석 말입니다. 이제는 완전히 인간으로 판독되는군요.

스콧: 언제든 '그것'을 선상에 들여올 수 있습니다, 선장님.

커크: 트라이코더(tricorder) 판독을 확인하고 '그것'이 인간인지 확인하지….

매코이: 인간입니다, 선장님.

커크: 대통령님!

"야만의 장막"은 1969년 3월 7일 미국의 안방극장에 최초로 방영되었다. 항성년 5906.4라는 미래를 배경으로 펼

[그림 2.8] "야만의 장막"에서 엔터프라이즈호 선원들이 조우한 링컨. <스타 트렉>, 시즌 3, 에피소드 22. 1969년 3월 7일에 첫 방영.

쳐지는 이 에피소드에서 우주 먼 곳 행성의 암석 조각은 에이브러햄 링컨이 되어 엔터프라이즈호(Enterprise) 선원들을 마주한다. 그들의 지구인 조상이 되어서 말이다. 선원들은 도저히 이해할 수 없었지만, 링컨은 비인간 암석**이자 동시**에 인간 존재의 몸으로 나타난다.

링컨이-된-암석이 엔터프라이즈호에 탑승하고 스캔되자 살아 있다는 판독 결과가 나온다. 이로써 선원들이 [이 존재를] '그것'이라 부르지 않고 '그'라고 바꿔 부르며 드라마가 펼쳐지기 시작한다. 의사인 매코이만 유일하게 의심을 거두지 않는다. 링컨과 커크 선장이 수송로에서 이동통로로 갈 때, 매코이는 옆으로 비켜서서 스콧에게 말을 건다.

매코이: 자네는 거기서 도대체 뭘 발견한 건가?

스콧: 부선장님에게 직접 들으셨지 않습니까. 광물이라고요. 살아 있는 암석이요.

매코이: 그리고 그것이 링컨이 되었고(And that became Lincoln).[17)]

스콧: 잘 모르겠어요. 그 밑에서 다른 존재가 곁에서 기다리고(standing by) 있었는지도 모르죠.

여기까지가 이 행성에서 암석과 인간 사이에 무슨 일이 있었는지에 대해 우리가 알 수 있는 전부다. 매코이의 표현인 "되었다"를 스콧이 떠올린 곁에 있음("곁에서 기다림")이라는 희한한 생각과 엮어 이해해 볼 수 있다는 것만 짚어두자. 이 에피소드의 결말에 이르러 암석은 암석으로 되돌아가는 것처럼 보인다. 그것이거나 그 혹은 그들이 곁에서

[그림 2.9] "야만의 장막" 중 암석 생명체. <스타 트렉>, 시즌 3, 에피소드 22.

기다리는 능력이 있으며, 이로써 무언가 된다는 것 외에 더 이상 알 수 있는 것은 없다.

이 짤막한 대화는 21세기의 우리를 다른 은하계로 데려다 놓는다. [그 세계는] 20세기 중반 자유주의 신개척주의자가 "인간이 발 딛지 못한 곳까지 과감하게 가며" 이로써 아무런 해를 일으키지 않는다고 생각했던 때다.[18] 하지만 이들이 '아무런 흔적도 남기지 않은' 것은 아니었다. NBC

에서 1966년 9월부터 1969년 6월까지 방영된 79개 에피소드는 이제 여러 인터넷 플랫폼에서 언제든지 찾아볼 수 있다(게다가 스핀오프와 장편 영화를 비롯한 여러 파생작도 있다). <스타 트렉>은 본질적으로는 미국 예외주의(Feffer, 2015)라는 다운로드 가능한, 둥둥 떠다니는 폐기물처럼 일상의 신자유주의적 삶의 궤도를 돌며 여전히 폭력과 불의의 과오에서 자유로운 미래를 약속하는 기만적인 노래를 전파한다. 그러한 역사적 폭력이 스크린에 거듭 침입(re-irrupt)하도록 하면서 말이다. 실로 우리는 선원인 출연진들이 인간의 발자국이 닿지 않은 곳으로 과감하게 나아가서 겪는 외계인과의 '만남'이 사실은 그들의 과거를 마주한 것에 불과하다는 것을 거듭 보게 된다. 과거는 이 에피소드처럼 지질학적 더미로 등장해 정신적 외상을 입힐 정도로 우리에게 산발적으로 던져진다.[19]

역사적 흐름을 살펴보면, 백인 주도의 정복과 (정착민) 식민주의는 기독-자본주의를 전 세계에 전파하며 무엇이 생물과 무생물, 손과 도구, 인간과 비인간 그리고 낡은 것과 새 것을 이루는지를 구분하는 [사고방식을] 심었다. 모더니티는 '새로운' 기술을 물신화했고, 야만성과 구식화를 발명해 서서히 진행된, 발전한, 산업화한 자본주의 인류세를 가로지르는 깃발인 양 전 세계에 흩뿌려 놓았다.[20] 이러한 이원론적 구분은 뿌리 깊이 인종화된 것으로, 자본을 위한 '추출적(extractive)' 착취 리듬에 맞추어 지속적으로 진전한다. <스타 트렉>에서 실증주의에 기반한 착취의 반대는 소위 평화적 탐사다. 하지만 에피소드가 거듭될수록 겉보기에 선량한 의도로 출발한 선원들의 미션이 착취적 훼방, 결점, 순전한 어리석음을 띠고 있다는 사실이 드러난다. 이들이 우주에서 거듭 발견하는 것은 바로 자신들의 지구중심적 추정의 오류뿐이다(그리고 어쩌면 이것이야말로 이 시리즈가 선사하는 큰 재미이자 여러 팬에게 약속한 바일 것이다). 이러한 몰이해 그리고 스스로도 인정하는 **논리적** 설명의 부재에도 이들은 여전히 반인간(half-human)인 스폭에게 의존한다. 이들은 심원한 공간/우주(space) 속 극장이라는 역설적인 상황을 발굴해 다시금 자신들의 무지가 띠는 폭발적 특성을 재연하면서 스폭과 반대로 지극히 인간적인 감정에 충실하려 한다(여기서는 정동적 존재라는 점이 인간을 인간 되게 만드는 가장 중요한 요소가 되는 듯하다).

살아 있는 암석이 등장하는 에피소드 "야만의 장막"에서 커크와 스폭은 암석으로 된 링컨과 함께 등장한다. 링컨은 행성을 향해 활짝 웃고, [그곳에서] 빛을 내는 녹은 암석 생명체가 전구 같은 눈 여러 개를 달고 기이한 흰 장갑을 낀 게 집게발을 찰칵거리며 인사한다. 이로써 (성중립적 대명사를 쓰도록 하자) 그는 역사적인 인물의 등장을 알린다. 이어서 암석은 이 장면에 여타 역사적 인물들을 끌어들이며 그들이 각자의 '생명'을 위해, 암석이 노골적으로 '드라마'라 부르는 상황에서 서로 싸우게끔 한다(그렇다. 이들은 돌과 임시변통으로 만든 창을 서로에게 던진다). "'드라마'라니, 무슨 뜻인가." 누가 봐도 당황한 듯한 커크가 마치 자기의 생명이 걸린 것처럼 바로 묻는다. "당신은 지능이 있는 생명체(life-form)다." 돌이 말한다. "우리가 당신에게 얼마나 경의를 표하는 것인지 이해하지 못한다니 놀랍다. 왜 깨닫지 못하는가…? 우리가 당신의 세계와 동일한 무대를 만든 것을." 왜 당신은 당신의 드라마가 곧 당신의 행성이며, 당신의 행성이 살아 있다는 것을 깨닫지 못하는가?

이 상당히 엉뚱한 연극 제작의 사례에서 논의를 시작해

[그림 2.10] "야만의 장막" 중 살아 있는 암석. <스타 트렉>, 시즌 3, 에피소드 22.

보겠다. 무언가/누군가가 동시에 균등하게 무생물이면서 생물일 수 있다는 발상이 얼마나 터무니없는지 강조하기 위한, 게 집게발 같은 것을 단 외계의 무생물 생명체가 우주를 방문한 모범적인 자유주의·인본주의 여행자 앞에 나타난다. 정확히 **외계인**으로 표현되는 것 자체도 충분히 이상한 일이다. 외계인은 연극적으로, 동시에 실제로(in actuality) '우리'가 **된다**. 에피소드 내내 암석으로 소환된

(rock-conjured) 역사적 인물이 '단지' 이미지에 불과한지에 대한 토론이 이어진다. 하지만 끝은 "실제로 링컨을 만났다"고 느낀다는 커크의 단호하고 확연하게 황홀에 찬 선언으로 마무리된다. 근접 촬영으로 포착된 희미하게 빛나는 커크의 눈은 우리로 하여금 시간을 교차하고 외계 존재까지 가로지르는 매력적인 친밀성의 영역을 받아들이도록 구슬린다. 이 친밀성은 최근 데이비드 그레벤(David Greven)이 잭 핼버스탬(Jack Halberstam)을 참조해 오리지널 <스타 트렉>이 "성차별적 시리즈라기보다 퀴어적 시선(queer eye)을 적극적으로 요구하는 텍스트"(Greven, 2009: 17; Nyong'o, 2015)로 보인다고 지적한 것과 맞물리는, 이 연속극의 특징이라 볼 수 있다. 어쩌면 성차별적이기도 하고 퀴어적이기도 한 것인지도 모른다. 어쨌든 암석이 사람이 되고 사람이 암석이 되는 일이 이 에피소드에서 미래가 과거가 되고 과거가 미래가 되며, 낡은 것이 새 것이 되고 새 것이 낡은 것이 되는 상황에 버금간다는 사실이 기이하다. 이 에피소드는 미래가 과거와 그리고 살아 있는 것이 그렇지 않은 것과 구분될 수 있을지, 혹은 우리가 언제나 이렇게 암석 같은/흔들리는(rocky) (불안정한) 혼합

물을 마주하게 될지 불분명하다는 점에 기댄다. <스타 트렉> 속 광물 인간의 내부무생화는 교차 시간적인 만큼 내부행성적(intraplanetary)이다. '우리'가 무생물인 생명을 만지거나 '그것'이 '우리'를 만지려면 우리가 지금까지는 습관적으로 횡단할 수 없다고 간주한 광대한 간격을 가로지르거나 그것과 더불어 시공간적 여정을 감행해야만 하기 때문이다.

2013년, 나는 여러 동굴에 새겨진 구석기 시대 사람의 손 자국을 직접 목격하러 프랑스 도르도뉴와 로트로 떠났다. 신호(hail)로서 손에 대해 질문하고, 제스처의 지속 기간과 제스처가 재반복되기까지의 간격에 대해 생각해 보고 싶었다. 2만 5000년 혹은 4만 년을 손에서 손으로 횡단할 수 있을까? 제스처가 기본적으로 "반복 가능한 기술"(Noland, 2009: 101)이라면, 어떻게 한 번의 반복(내 손, 들어서 신호를 보내는 손)이 이후의(혹은 이전의) '손을 들어 신호를 보내는 행위'의 반복과 철저히 시간적으로 분리된다고 생각할 수 있겠는가? 결국 반복이란 간격을 **필요로 한다**. 반복은 재반복되는 제스처로서 그 자신이 되기 위해 필연적으로 (시간, 공간, 몸을) 도약한다. 응답 능력(response-ability)에 공소 시효가 있을까?

2013년 프랑스로 향하면서 (직접) 구석기 시대의 손을 만난다면, 즉 그 첫 번째 손을 두 번째 손인 내 손으로 직접 만난다면 첫 번째와 두 번째[라는 순서]는 어떻게 되는 것일지 생각했다. 동굴에 서서 구석기 시대 손에 반응하는 혹은 그것을 심지어 알아보는 내가 어째서 돌과 더불어 신호를 보낸/보내는/여전히 보내고 있는 그 **첫 번째 손**보다 더 '살아 있고' 더 '생기 있다(vital)'고 할 수 있을까? 호명과 응답의 논리에서는 응답이 역으로 신호**로서** 신호를 개시하기도 하지 않는가? 신호를 신호로 만드는 손은 어느 쪽인가? 동굴 손이 '본래' 신호가 아니라 하더라도, (정당하지는 않더라도) 응답된다는 이유로 신호가 되는 걸까? 아니면 반대로 신호가 된다는 이유로 응답이 되는 걸까? 나 또한 손이 있기에 구석기 시대 손에 근본적으로 관여하고 나 또한 제스처를 하거나 할 가능성이 있다는 이유로 치켜든 손바닥의 제스처에 응답한다면, 살아 있음이란 교환의 문제로서, (동일성 혹은 차이가 아닌 그 둘 모두인) 간격을 둔 재반복으로서만 존재하는 것 아닐까?[21] 간격에 시간제한이 있을까? 살아 있음에는 있을까?

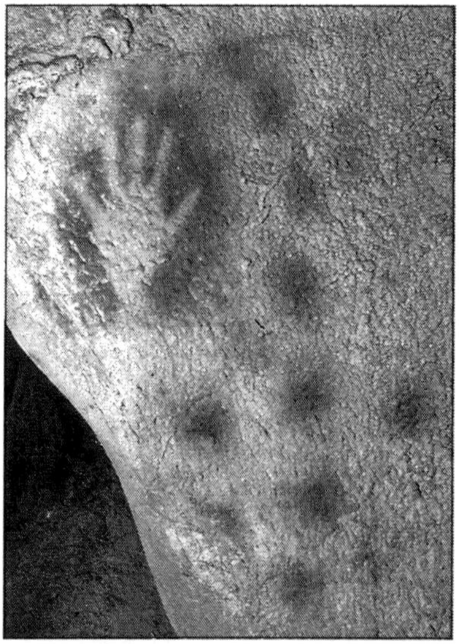

[그림 2.11] 페슈메를 동굴의 손, 구석기 시대, 프랑스 로트. 위키미디어 코먼스.

이러한 짓궂은 문제를 사람 손을 통해 생각하기 쉬운데, 그러면 한쪽과 다른 쪽이 너무나 손쉽게 전도(inversion)되고 만다. 인간을 제외하고 신호(관계의 개시 혹은 재생)를 사유할 수는 없을까? 신호로부터 인간을 완전히 잘라 내고, (인간의 흔적 유무와 무관하게) 돌 자체가 자신만의 제스처를 자신과 다른 이에게 새기며 신호를 수행하고 심원한 시간에서 움직일 수 있을지 고민해 봐야 할 것이다. 흥미롭게도 W. J. T. 미첼은 ≪그림은 무엇을 원하는가: 이미지의 삶과 사랑?(What Do Pictures Want: The Lives and Loves of Image?)≫에서 모든 이미지와 사물에 암암리에 신호라는 것을 부여한다(Mitchell, 2006: 37). 번스타인은 "사물이 신호한다(Things hail)"고 극히 간결하게 썼다(Bernstein, 2009: 69). 카유아가 대벌레와 잔가지 혹은 잔가지와 곤충 사이 내부무생적 튕김(ricochet)에 대해 논하면서 **모방**이라는 단어를 사용해 날카롭게 제안했듯(Caillois, [1935]1984) '사물(things)'은 사람이 있든 없든 서로 신호한다. 내가 신호라는 개념을 좋아하는 것은 간격을 열기 때문에, 아마도 연기하거나 연장하기도 하기 때문이다. 이는 응답을 위한 틈이 되고, 이데올로기[22]를 작동시킬 때조차 차이를 위한 세계를 열어 줄 수 있다(Schneider, 2018).

내 관심사는 간격과 더불어 사유하는 것이다. 이때 간격은 시공간적으로 무한한 방향으로 열려 있으며, 지속적으로 차이를 불러온다. 여기서 간략하게 설명했듯 나의 관심사 중 하나는 신유물론적 전회에서 발견되는 탈역사성(a-historicity)이다. 이는 잠재적인 본질주의(잠재적인 것의 본질화)이자 보편화 작용 그리고 의인화까지는 아니지만 일반화된 유생성의 길로 돌진하는 분자화다. [반면] 일반화된 유생성보다 교차 시간적이고 교차 공간적인 간격이야말로 우리로 하여금 역사를 다시 만나게 하고 더불어 새로운 것이 거듭 출몰하도록 하는 데 더 열려 있다. 호명과 응답[토머스 데프란츠(Thomas F. DeFrantz)와 어니타 곤잘러스(Anita Gonzales)가 "경험의 지속적 전개"와 전 세계적 "흑인 감수성(black sensibilities)"의 발현으로서 맥락화한 호명과 응답(DeFrantz & Gonzales, 2014: 8, 11)]은 간격을 둔 울림으로 과거와 미래를 직조한다. 과거를 불러 세워 책임을 묻거나 과거가 우리를 호출해 이에 응답하도록 하는 일은 과거를 다름 아닌 미래를 바꾸기 위한 방법으로 바꾼다. 미래를 바꾸기 위해서는 우리 습관의 고착 그리고 과거에 대한 호명과 응답 능력에 변화가 필요한 것과 마찬가지다. 이러한 의미에서 과거란 퍼포먼스의 잠재력과 그것의 지연(drag)으로 가득한, 다시 드러나는 실제(actuality)의 진행 중인 퍼포먼스다. 모리스 메를로퐁티가 세상의 살을 대면해 손-안에-있음과 촉각에 대해 숙고하던 중 했던 말로 표현하자면, "그렇다면 과거는 과거가 아니며, 미래는 미래가 아니다"(Merleau-Ponty, 2012: 444). 노예선의 역사적 항적(wake)을 다룬 샤프의 말을 다시 빌리자면, "지나간 흔적에 뒤이어, 과거가 아닌 과거가 다시 나타난다"(Sharpe, 2016: 9). 명백하게도 엔터프라이즈라는 이름의 우주선(이보다 더 충실하게 자본주의의 별명이 될 만한 이름도 없을 것이다), 즉 냉전이 한창인 가운데 외계로 향해 하며 미래라는 항적을 구축하려 한 우주선에서 보자면 과거가 아닌 과거는 미래가 아닌 미래로 다시 나타난다. 과거, 현재, 미래(지나간 것, 살아 있는 것, 아직 오지 않은 것)는 내부표현적(intra-articulate)이며 내부현전적(intra-present)으로 호명과 응답을 통해 서로를 구성한다. 그 모두가 생물/유생적인 것도 무생물/무생적인 것도 아니고 낡은 것도 새로운 것도 아니며, 흔들리고 어지러운 두 영역 모두에 속한다. 이때 '물질'은 역사적인 동시에 새로 드러난다. 열려 있고, 해결되거나 규정되지 않으며, '우리'의 연장된 손에 있다.

일단 지금은 시간을 가로지르는 교환의 장면에서 연장된 손을 계속 생각해 보는 것으로 충분할 것이다. 페슈메를 동굴에 서서 실시간으로 내 첫 번째 손을 마주한다. 응답하고 싶다. 그때 소위 돌이라는 것을 향해 손을 들어 올린 소위 인간이 정확히 무엇을 의도했는지는 중요치 않은 것 같았다. 몇몇 고생물학자가 주장하듯 (다른 이들은 동의하지 않을 수도 있지만) 돌이 신호를 보내고 손은 응답한 쪽이었을 수도 있다. 그 손은 [돌에] 들어가려 했거나 돌과 내부 무생화했던 것일 수도 있다. 동굴 벽화는 입구 역할을 했을지도 모른다. 돌은 의식(ritual)에 힘입어 무아지경의 꿈꾸는 상태를 거쳐 [그 관계로] 들어갔을지 모른다. 이때 돌은 돌손 손돌(rockhand handrock)[23]과 더불어, 그리고 이를 통해 경험의 또 다른 은하계로 가는 장막이나 문턱의 일종 같은 것이 된다. 그러니 거기서 내 손과 함께 어색하게 서 있던 나에게는 신호('안녕', '잘 가', '멈춰', '가까이 와', 거부, 초대 혹은 '비켜')하는 들린 손의 정확한 뜻을 규명하는 것이 무의미해 보였다. 손과 돌 가운데의 (네거티브의) 공간에서 간격이 열렸고, 그 간격은 다수(multitudes)를 포함했다. 연장된 응답의 문턱이 띠는 간격의 결정 불가능성 혹은 규정 불가능성은 아마도 안드레 레페키(André Lepecki)가 에린 매닝(Erin Manning)을 보며 이끌기따르기(leadingfollowing)라는 신조어를 통해 표현하려 했던 바일 것이다. 매닝은 여러 안무 연습에서 사실상 따르는 이가 이끄는 이에게 신호를 주고 이로써 따르는 이가 대체로 안무를 개시하는 모습을 목격했다(Manning, 2009: 108). 매닝은 이때 발견되는 내부작용의 복잡성을 서술하는데, 레페키는 이를 이끌기따르기라는 표현으로 설명한다. 이는 호명과 응답에도 동일하게 적용된다고 볼 수 있다. 응답이 동시에 호명이 되어 수신된 혹은 재사용된 신호의 의미를 바꾸는 것이다. 어느 쪽에든 (안무가의 몸 사이에든 호명과 응답 사이 간격에든) 모두 역사성과 가상성이 있다. 무엇이든 일어날 수 있(었)다.[24) 레페키는 매닝에 응답하며 이끌기따르기의 결정 불가능성을 "간격에서 춤추기(dancing in the interval)"로 상정한다(Lepecki, 2013: 36). 간격에서 춤추기라는 용어를 통해 레페키는 간격을 불일치(dissensus)를 위한 틈으로, 불일치를 해프닝(happening) 즉 정치가 일어나는 것으로 본 자크 랑시에르(Jacques Rancière)의 사유(Rancière, 2010)를 이끌기따르기 한다.

앤드루 메이리언 존스(Andrew Meirion Jones)는 "살아있는 암석: 유생성, 퍼포먼스 그리고 스코틀랜드 아가일 킬마틴 지역의 암석화(Living Rocks: Animacy, Performance and the Rock Art of the Kilmartin Region, Argyll,

Scotland)"에서 신석기 암석화를 진행 중인 퍼포먼스로 간주한다. 하지만 분자적 차원에 기대어 유생성을 낭만화하지는 않는다. 오히려 존스는 "선사 시대 조각가가 (이 지역의 암석화가 새겨진) 암석을 생물로 여겼다"고 상정한다. 사람들이 그 지역의 암석에 거짓 행위자성을 부여했다고 가정하기보다 "그 대신 사람들이 암석의 유생성에 응답한 것"(Jones, 2012: 79)이라고 가정하자고 청한다. 존스는 호명과 응답이라는 내부 행위자적(intra-agentic) 교환을 서술한다. 존스의 판단에 따르면 아마도 암석이 신호를 보내고 있었고, 신석기 시대의 조각가는 응답하고 있었으며, 신석기 시대 인간과 비인간은 서로 적극적으로 [돌과 더불어 호명하고 응답함으로써 또 다른 호명을 생산하고, "암석을 찾아오는 연이은 세대"(Johns, 2012: 86)가 방문해 그 장면을 "재사용"(Cochrane & Jones, 2012: 9)하게 하는 방식으로] 관여하는 중이었을 것이다.[25] 여기서 주안점은 모든 것의 유생성을 옹호하는 일반화된 주장으로부터 호명과 응답이 관여하는 다양한 이질적인 존재를 가로지르는 틈새 관계(interstitial relations)라는 관념으로 옮겨 가는 것이다. 이 경우 유생성은 행위자성과 마찬가지로 호명과 응답 능력이라는 내부무생적 직조 속 인간과 비인간 사이에서 움직인다고 볼 수 있다. 여기서 행위자성은 아마도 단절이나 간격과 유사할 것이며, 우리는 이 단절과 간격을 가로질러, 교차적 관계로(relationways)에서 서로를 호명한다. 퍼트리샤 힐 콜린스(Patricia Hill Collins)와 시르마 빌게(Sirma Bilge)가 제시한 것처럼 이 교차적 관계는 언제나 관점의 전환과 정치의 가능성에 열려 있다(Collins & Bilge, 2016). 마찬가지로 유생성은 여기서 [재현이 아닌 (재)반복에 해당하는 되풀이를 통한 되기 행위인] 모방과 비견될 수 있다.

엔터프라이즈 우주선을 타고 미래 여행을 하는 선원 그리고 인간 삶의 형태를 역사적 무대에 재설정하는 암석 생명체로 돌아가 보자. 이 에피소드를 시청하다가 암석이 행성을 "엑스컬피아(Exculpia)"라고 부르는 것을 들었다. 하지만 알고 보니 잘못 들은 것이었다. 대본을 보니 제대로 된 명칭은 "엑스칼비아(Excalbia)"였다. 동음이의어라는 청각적 단층선(fault line)을 따라 오류의 구렁텅이에 빠지고 만 것이다. 변호(exculpation)의 언어유희처럼 들린 단어가 행성 이름에 쓰였다고 생각했고, 이로써 '잘못 없음'

혹은 어쩌면 '말소된 잘못'을 뜻한다고 봤다. 이 단어가 무죄임을 밝히거나 책임을 벗게 해 주는 증거를 뜻하기 때문이다. 어째서 에이브러햄 링컨이 지질학적 생명 혹은 지질학적 시간 속 진행 중인 생명으로 '다시' 나타난 걸까? 이 재연의 어느 지점에서 잘못과 이에 대한 변호 혹은 화해(reconciliation)를 찾아볼 수 있을까? 당연한 말이지만 여기서 **잘못**(fault)이라는 단어는 지층의 이동과 불연속성에 의해 암석의 몸에 기입된 [단층선과 같이 긴] 연장된 절연(break), **그리고** 유감스럽거나 그릇된 행위에 대해 지는 책임을 뜻한다.

순진하게 느껴질 정도로 어색한 "야만의 장막"의 초반부 한 상황에서 링컨은 살아 있는 암석 덩어리로서 선박에 막 오르자마자 충동적으로 "검둥이(Negress)"라는 단어를 사용한 것에 대해 우후라에게 궁색하게 사과한다. 그는 빠르게 이렇게 말한다. "오, 아가씨(my dear), 용서하시오! 내가 살던 시대에는 소유물을 서술할 때 종종 그런 표현을 썼습니다."

젠더화된 표현인 "아가씨"는 깔보는 듯한 발화를 수행하는데, 이는 대담한 미래로 나아간다고 자처하는 현시점

[그림 2.12] "야만의 장막" 중 커크, 우후라, 링컨. <스타 트렉>, 시즌 3, 에피소드 22.

의 우리가 실상 얼마나 갈 길이 먼지를 상기시킨다. 그럼에도 이 대사는 시간을 가로지르는 사과를 통해 어떻게든 관객에게 울림을 주고자 한다. 하지만 우후라는 그의 사과를 쾌활하게 떨쳐 버리며 심기를 슬쩍 드러낼 뿐이다. "대통령님, 제가 왜 그 용어를 거부해야 하죠? 우리 시대에는 단어를 무서워하지 말라고 배웁니다." 분명 배우 니셸 니컬스(Nichelle Nichols)는 본업에 충실히 임하며 이 대사에 집중하는 듯하다. 이때 니컬스를 피부의 차원에서 호명하는(hail) 과거는 그를 다시 호명해 우후라로 하여금 그건 "그저 단어일 뿐이라"고 일축하도록 한다. 하지만 니컬스는 이를 꽉 깨물고 있는 것으로 보인다. 완전히 벗어나는 것, 즉 니컬스/우후라가 링컨에게 말했듯 "단어에 아무 의미도 없는" 미래를 성공적으로 **수행**하는 일은 불가능할지도 모른다는 것을 보여 주는 듯하다. 어쨌든 니컬스가 [문제적인 그] 단어를 일축한 장소는 우주선의 선교(船橋)다. 그곳에서 니컬스의 캐릭터는 통신관으로 일한다. 하루 종일 초미니 스커트를 입고서 은하계를 가로지르는 단어에 귀를 기울이고 번역하며 유해한 요소를 단속하는 곳 말이다! 이번 에피소드와 다른 에피소드가 보여 주듯 이 은하계에서 과거는 상당히 침입적이다. 어쨌든 여기서는 이 암석 덩어리가 시대의 뒤처짐에 대해, 인간이 존재를 (인간이든 땅이든 마찬가지로) 소유물로 간주하는 [사고방식]에 대해 사과하는 장면이 펼쳐진다. 연장되며 한없이 확장하는 신자유주의의 사유화(모든 것의 사유 재산 되기)를 앞둔 미국의 안방에 방영된 이 쇼가 이랬다는 것은 이해하기 어렵다. 이는 (아직 시작 단계에 불과할지라도) 자본을 위해 자행되는 땅에 대한 추출적 착취가 과거나 지금이나 소위 원시적 축적이라고 하는 '낡았'되 진행 중인 폭력, 즉 살에 대한 착취와 내부무생화되어 있다는 점에 대한 실연(實演) 혹은 탐구인 것일까?(Coulthard, 2014) 추출적 착취를 서서히 퍼지는 역사적 이끼와 같은 형태로 규명하려 한 것일까? 이 에피소드의 끝자락에서 링컨은 유인원 같은 모습으로 등장한다(여기서 메이크업 아티스트가 무엇을 의도한 것인지는 명확하지 않은데, 아마도 제목의 '야만'과 공명하면서 '장막'의 연극성을 암시하려 한 것이지 않을까?). 어느 순간 검게 된 암석/링컨은 그의 전면을 클로즈업해 상반신을 보여 주는 카메라 앞에 선다. 이 시점부터 그는 완전히 검은 얼굴을 하고서, 돌처럼 정지한 채 그의 미래 관객을 똑바로 주시하며 이렇게 말한다. "내 조국의 역사 중 가장 극심하게 피투성이였던 4년간 총사령관이었던 나는 신사로 정평이 나 있었습니다. 내가 내린 명령 때문에 10만 명의 장정이 파견되어 형제의 손에 목숨을 잃었습니다."

그는 이파리가 딱 하나 불안정하게 매달려 그의 연설 동안 흔들리는 창 모양의 막대기를 들고 있다. 그가 돌처럼 정지한 상태기 때문에 흔들리는 이파리가 묘하게 프레임

[그림 2.13] "야만의 장막" 중 링컨. <스타 트렉>, 시즌 3, 에피소드 22.

안에서 확대된 듯 보인다. 그가 참사에 대한 자신의 과실을 고백한 직후, 갑자기 이 배우는 관객을 바라보던 시선을 거두고 역시 불가해하게 검어진 그의 손을 들여다본다. 배우는 일종의 숨 막힘을 연기한 후 화면 너머에서 손을 펴 보인다. 사실상 이 묘한 움직임은 그의 손이 몸으로부터 독립된 것처럼, 마치 그 자신인 암석 속에 있는 단층선 혹은 과거가 아닌 역사를 가로질러 그에게 떠오르듯 수행된다. 그가 커크에게 다음과 같이 말할 때, 이제 그의 손은 이파리

[그림 2.14] "야만의 장막" 중 링컨. <스타 트렉>, 시즌 3, 에피소드 22.

처럼 떨린다. "명예로운 살인이란 없습니다."

고해성사이자 과실에 대한 인정, 이것이야말로 인간이 발 디딘 적 없는 지점일까? 이 장면은 에피소드의 도입부에 등장한 링컨과 소유의 조건 자체에 대한 그의 어색한 사과를 상기시키며, 결국 더 흰/백인의 땅을 떠올리게 한다. 고백 이후 그는 이파리처럼 떨림을 멈출 수 없게 되는데, 그럼에도 전쟁에 나선다[여기서 그는 벌컨족(Vulcan)의 역사 속 선조인 수락(Surak), 즉 마찬가지로 신비로운 경로로 암석으로부터 몸을 얻은 존재를 구하려다 죽는다]. '링컨'이 '죽는' 것이 처음이 아니듯 마지막도 아니라는 점에 대해 상당히 확신할 수 있다. 단일한 답에 기대지 않으면서 이러한 질문을 충분히 던져 볼 수 있을 것이다. 이는 연극적 "야만의 장벽"이라는 미명하에 기술적 '문명'을 비판한 것인가? 아니면 인종화된 비유를 재편해 우리가 알아채지 못하게 우리의 미래로 내던진 것인가? 아마도 이 둘 다에 해당할 것이다.[26] '링컨'이 다시 몸으로 나타나 사과하는 바로 이 인종화는 결코 끝나서 지나가 버린 것이 아니며, 실패를 감수하면서 다른 방법으로 다른 곳에 가려 시도했던 이 에피소드가 '탐색'하려 한 핵심이 바로 이 문제다. <스타 트렉>은 역사 곁에서 기다리거나 이를 회피함으로써 역사에 접근한다고 볼 수 있다. 흠결이 있는 시도임에도 인간과 비인간 사이의 유생성 위계를 무효화하고자 한 것이다. 어쩌면 이러한 무효화는 오로지 연극적 소외를 위해(20세기 중반의 소비자에게 중간광고 때 손 세정제나 젤로나 파는 싸구려 황홀감을 위해) 펼쳐질 따름일 수 있다. 하지만 베르톨트 브레히트(Bertolt Brecht)에게 연극적 기술로서 '소외'는 비판적 사유의 기회를 열며, 이러한 사유에 사회적·정치적 변화의 잠재력(기존의 궤도로부터 습관을 퀴어링할 잠재력)도 뒤따른다는 것을 상기해야 할 것이다.

흥미롭게도 이 에피소드[아울러 <스타 트렉>의 선원들이 폭력적인 미국 역사를 재연하도록 강요받는 "총기의 유령(Spectre of the Gun)" 에피소드]에서 살아 있는 것과 살아 있지 않은 것을 구별해 내지 못하는 엔터프라이즈의 무능력은 과거와 현재를 솎아 내지 못하는 무능력뿐 아니라 '선'과 '악' 구별의 어려움 또한 나타낸다. 에피소드의 끝자락에 붉고 반짝이는 용해 암석이 이분법적 세계관에 도전하며 말한 것처럼, "당신들은 당신들의 철학 사이에 어떤 차이가 있는지 나에게 전혀 입증하지 못했다. 당신들의 선과 악은 동일한 방법을 사용해 동일한 결과를 얻는다. 해명해 볼 텐가?" 여기에 커크가 할 수 있는 것은 돌을 향해 손가락을 치켜들고, 지금의 상황을 일으키고서 되풀이되는 행위의 기반을 제공한 암석의 잘못이라며 성을 내며 소리치는 것뿐이다! 심술 난 커크가 원하는 것은 선원의 '생명'뿐이다. 그러나 더 이상 무엇이 살아 있고 그렇지 않은지, 무엇이 인간이고 무엇이 비인간인지, 무엇이 낡았으며 무엇이 새로운지는 이 에피소드의 궤도 속 그 누구에게도 분명하게 구별되지 않는다.

음악이 부드럽게 밀려오는 이 에피소드의 끝자락에서 커크가 아리송하게 말한다. "이 은하계에는 여전히 그들이 해야 할 일이 참 많다." 그들의 일? 광물의 일? 광물 생명이 치명적인 추출 기계를 든 정착-식민주의 인간에게 우리 미래의 과거에 가한 폭력을 책임지도록 강요하는 일? 우리의 매개적 만남(medial encounter)의 틈새에서 계속 이끼처럼 살아가는 링컨의 삶 같은 것에 대해 생각해 볼 일이다. '우리'로 하여금 그 흔적에 머물게 하는 중간 항로 노예선의 항적, 수많은 긴 여정(trek)의 경로[퀴어한 외계적 삶을 찾아 지구를 포기해 버린, 수많은 <스타 트렉> 스핀오프 속 우주선 그리고 팬덤 슬래시 판타지 속 '커플 만들기(shipping)'[27]로 만들어진 배역들] 모두가 계속 파도치는 파도, 자꾸 탐색하는 탐색 같다. 타비아 뇽오(Tavia Nyong'o)가 커크와 스폭 혹은 스폭과 우후라의 성애적 짝 만들기와 같이 디지털 방식으로 재조합된 <스타 트렉> 판타지에 던진 질문이 여기서 울림을 준다.

커플을 만드는 사람들(shippers)은 동성애 병리를 더 깊이 파고드는 것에 불과할까? 아니면 이들은 접속된 세대로서 지칠 줄 모르고 재조합하는 그 독창적 특징을 발휘해 일종의 슈퍼 팀으로서 성애적 이분법 너머 슬래시 픽션(slash fiction)을 새로이 상상하며 인종·젠더·성의 실제 모순을 해소하려 하는 것일까?(Nyong'o, 2015)

우리가 몇 번이고 던진 질문을 과감하게 또다시 던져 보자면, 둘 다에 해당하는 것 아닐까?

그 와중에 지구와 지하 깊은 곳에서는 2만 5000년 된 손이 돌과 나란히 들려 있다. 돌손 손돌을 낡은 흔적이 아니라 진행 중인 제스처로 볼 수 있을까? 진행 중이라고 여겨진 제스처와 함께 행성적 차원의 관계-선(relation-ships)을 어떻게 다르게 다룰지 질문할 수 있을까? 우리 사이에서 순환하는 모든 삶의 방식을 존중하면서, 광활하게 펼쳐진 시간과 공간 그리고 단 하나의 떨리는 이파리나 뼈 찌꺼기 조각이라는 가장 작은 단위를 가로지르면서, 우리는 어떻게 내부무생성의 **물질/문제**(matter)에 접근할 수 있을까? 묘하게도 북태평양 환류는 장막(연극이라는 뒤처진 것의 상징)으로 서술된 적이 있다. 오션클린업의

CEO 보안 슬랏에 따르면 그것은 "물 위아래로 5피트[약 1미터 52센티미터] 정도 펼쳐진 떠다니는 장막 같은 것이다"(Raphael, 2016에서 인용). 이 장막에서 진행 중인 쇼 역시 연극적이고 위장적이며, 그 자신이 아닌 것의 경험을 중개한다. 그것은 "해안선이 없는 곳에서 인공적 해안선인 척한다"고 슬랏은 언급한다. 기이할 정도로 소멸하지 않는 구식화의 비결, 즉 사후생을 사는 플라스틱의 소용돌이를 설명하면서 슬랏은 "척하는" 모방의 기술을 언급한다. 이처럼 묘한 장막을 중개의 끊임없는 위기라고도 부를 수 있을 것이다. 자본주의 제국의 플라스틱과 버려진 폐기물이 만든 거대한 장막, 이 "야만의 장막"이야말로 뒤처진 것의 주요 구성 요소다. 연극에서 장막은 언제나 흔적으로 남아 있지만, 프로시니엄 아치의 첨단을 가로지르며 낡은 것을 다시 '새롭고' 살아 있는 것으로 열어 주려 한다.

<스타 트렉> 에피소드 막바지에 엔터프라이즈호 선원 중 그 누구도 그들이 마주한 암석 생명체나 그들이 관여한 미래과거(futurepast)에 대해 설명하지 못한다. 우리의 스크린 너머에서 연극의 행위자로서 지질학적 미디어가 연극을 올렸고, 인간은 혀를 실룩이며 자신의 역할을 수행

한 것으로 족한 듯 보인다. "이 은하계에는 여전히 그들이 해야 할 일이 참 많다"고 커크가 곱씹는다. 이로써 관객은 미스터 술루(Mr. Sulu)에게 "우리를 궤도(orbit)에서 벗어나게 해 달라"고 단순히 요청하는 커크를 보게 된다. 부주의하면 이렇게 잘못 들을 수도 있다. 우리를 습관(habit)에서 벗어나게 해 달라. 습관에서 벗어나기. 나는 '오류의 선/단층선'에서, '실어 나르는/커플을 만드는(shipping)' 중에, 절연 가운데 듣고 또 듣는다. 환류라는 쓰레기 더미는 대양에서만 열리는 장막이다. 지나와 내가 아카이브 지하실에서 실룩이는 비극의 가면을 만지려 사용한 비닐장갑이 그곳을 떠다니는 모습을 상상한다. '손으로 다루기/취급'과 '운송/커플 만들기'와 다시 '손으로 다루기/취급'을 거듭 생각할 때가 되었다. 분명 우리가 간극에 손을 뻗을 때, '뭔가 다가오고 있다', 혹은 '뭔가 지나가고 있다'.

미주

이오애나 주컨, 홀리스 미키, 매슈 리즌(Matthew Reason), 크리스토퍼 브래독(Christopher Braddock), 폴 레이(Paul Rae), 제니퍼 파커스타벅(Jennifer Parker-Starbuck)을 비롯해 이 글의 여러 초고 버전을 읽고 논평해 준 여러 사람들에게 감사를 전하고 싶다. 이 에세이의 일부 내용은 Schenider(2016; 2017b; 2018)를 포함해 기존 출판물을 확장 또는 개정한 것이다.

1) 경험이 미디어를 통해 중개될 때 '첫' 번째 혹은 원본성(originality)이란 없다. 반복되는 언어나 신체적 제스처에서처럼 반복적이라는 것은 곧 반복을 통해 관여하는 것을 뜻하기 때문이다. 발터 베냐민이 명료하게 밝혔듯 기술 복제에서 원본이란 없으며, 역설적이게도 이는 미디어가 라이브 퍼포먼스 전반과 공유하는 특징일 것이다. '라이브' 미디어와 '라이브가 아닌 것(nonlive)' 혹은 '기술적' 미디어를 골라내는 일은 현전과 부재, 기록과 다시 듣기[의 이분법]를 구성하는 가정과 얽힌다. 그 구분을 견고하고 서로 횡단할 수 없는 양쪽으로 고정하려 아무리 노력해도, 라이브 미디어와 라이브가 아닌 미디어 형식 사이의 경계는 완전히 흐릿하지는 않더라도 피투성이다. 슈나이더의 글(Schneider, 2011; 2012)을 참조하라.

2) (어쩌면 여전히 손에 있는 채로) 손의 "범위-밖으로-벗어난" 것에 관여하는 인공기관성(prostheticity)의 행위자로서 미디어에 관해서는 베르나르 스티글레르(Bernard Stiegler)의 글(Stiegler, 1998: 143-146)을 참조하라. 캐리 놀런드의 비판(Noland, 2009: 108-109) 또한 참조하라. 손에 대한 이론과 미디어 이론이 얽힌 범위 전반은 이 에세이가 다룰 수 있는 영역을 넘어서지만, 이들 이론이 나로 하여금 '손'

을 미디어적 잔여로 보도록 해 주었다는 점을 밝힌다.

3) 뉴미디어의 끊임없는 위기에 대해서는 웬디 희경 전의 글(Chun, 2016b: 69-96)을 참조하라. 매체, 매체들, 미디어, 뉴미디어에 대한 역사적 정의 또한 웬디 희경 전의 글(Chun, 2016a: 3-4)을 참조하라. 웬디 희경 전이 상기시키기를, 18세기에 "종이는 화폐처럼 대량 유통 매체"(Chun, 2016a: 3)였으며, '새로운' 것에서 화폐의 흔적을 역추적하는 일은 곧 뼈 원반을 유통의 '매체'로 파악하는 미디어고고학의 일종일 수 있다. 유통(그리고 미디어)을 '대량화'하고 자본주의처럼 미디어를 위기와 엮어 버린 18세기 자본주의 산업의 성장 한참 전부터 화폐와 종이는 분명히 중재의 역할을 수행하고 있었다.

4) 뉴미디어의 '새로움'은 흥미롭게도 선사 시대의 '발견'과 공통점이 있을지 모른다. 새로움에 대한 모더니티의 속박은 선사 시대에까지 미친다. 몇몇이 주장하듯 고대뿐 아니라 선사 시대에까지 뻗친 이 새로움이라는 것은 근대 고고학 탄생의 유산으로, 근대 고고학은 깜짝 놀랄 만한 발굴인 '발견'을 수행했다. 리처드 암스트롱(Richard H. Armstrong)에 따르면(Armstrong, 2006: 31) "19세기가 마주한 과거의 이 혁명적 새로움은 대중적으로 그리고 스캔들처럼 대중의 상상으로 분출되는 것 같았다.… 과학적으로 진화를 받아들인다는 의미에서, 결국 진정으로 모던하다는 것은 우리의 고대인이 영장류의 일원이라는 점을 공언하는 것이다". 미첼의 글(Mitchell, 2006)도 참조할 것.

5) '라이브(live)'의 규정에 딸린 무수한 문제와 소위 생물과 소위 무생물 사이의 경계에 관한 문제에 대해서는 쿠퍼(Cooper, 2008), 첸(Chen, 2012), 슈나이더(Schneider, 2011; 2012)의 글을 참조할 것.

6) 필립 오스랜더(Philip Auslander)에 따르면(Auslander, 1999) 라이

브니스는 근대 기술의 발명품이며 소위 매개된 것과 소위 라이브 사건의 구별은 명백히 모더니티의 부산물로, '낡음-새로움' 이분법만큼 복잡하고 해체되어야 할 대상이다. 슈나이더의 글(Schneider, 2011)과 쿠퍼의 글(Cooper, 2008)을 참조할 것. 실제로 생물적 몸을 '살아 있다(live)'고 하거나 그것이 살아 있다는 사실만 지적한다면 오해를 부르게 될 것이다. 이와 더불어 일부 신유물론의 생기론적 신애니미즘과 함께, 그리고 이에 반해 미디어가 만들어 낸 라이브니스라는 오스랜더의 개념을 맥락화하는 작업이 더 필요하다. 근래 신애니미즘과 더불어 진행 중인 '세계의 재주술화(reenchantment)' 역시 근대 기술의 '발명품'(어쩌면 또다시 라이브니스의 발명품)인 것이 아닐까? 이 영역의 연구 일부는 자본주의 이전 그리고/혹은 토착적 선물경제의 삶의 방식으로 '회귀'하는 것 혹은 그것의 부활을 상상한다. 내가 보기에는 추출적 정착민 식민주의를 바로잡는(redress) 작업과 이를 되풀이(repeat)하는 것이 각각 무엇인지, 혹은 자본주의가 소모적 구식화로 눈독 들이는 세계에서 흡혈귀처럼 삶을 채굴하는 것은 무엇인지 밝히는 일이 남아 있다(Stiegler, 2014; Bennett, 2001; 2010; Harvey, 2005).

7) 저주의 서판 그리고 보이지 않거나 들리지 않는 연극적 노동의 잔여를 시간적으로 교차하는 관점에 대해서는 존슨의 글(Johnson, 2009)을 참조할 것.

8) '끈적임'이라는 측면은 이 글에 적용할 수 있는 페미니즘 정동 이론과도 연결된다. 슈나이더의 글(Schneider, 2011: 36-37)을 참조할 것.

9) 세라 제인 서브낵(Sarah Jane Cervenak)의 ≪방랑: 인종적, 성적 자유의 철학적 수행(Wandering: Philosophical Performances of Racial and Sexual Freedom)≫(2014) 서문을 참조할 것.

10) 토착적 삶 방식의 '부활'과 자본-식민주의의 쉴 새 없는 (인정의 변증법적 드라마를 끝없이 재생하는) 이분법적 대립에 대한 탈식민적 대안에 관해서는 심슨의 글(Simpson, 2011)과 쿨타드의 글(Coulthard, 2014)을 참조할 것.

11) 루이 알튀세르(Louis Althusser)가 의식과 습관이 현 상태를 유지하고 자본주의적 생산 조건을 재생산한다고 지적했듯(Althusser, 1971: 175), 이러한 대체, 포섭, 호명(interpellation)은 "아무런 대물림(succession) 없이" 발생한다. 다시 말해 구식화는 '새로운' 형식이 도전받을 때마다 스스로를 복제한다. 이때 복제는 한 구식화가 다른 구식화를 이어받지 않고 일어난다. 그러므로 구식화의 효과는 점진적이거나 변증법적이기보다 해양적이다.

12) 결국 몸의 구식화에 대한 스텔라크의 선언문은 스텔라크가 주장한 대로 된 몸보다도 더 낡은 것이 되었다(Paffrath & Stelarc, 1984). 아마도 스텔라크는 단지 몸의 구식화가 전혀 새로운 것이 아니라 실은 역설적으로 몸의 되기/잔여하기 방식 그 자체라는 것을 놓쳤을 것이다. 무차별적 구식화가 그 스스로를 갱신하듯, 구식화야말로 삶에 주어진 오랜 조건일 수 있다.

13) 손은 미디어 이론과 관계가 깊다. 하지만 흔히 '손'은 단독으로 행위자적인 인간 동물을 한정하는 환유어로 쓰인다. 잘 알려져 있듯 ≪사유란 무엇을 말하는가(What is Called Thinking)≫(1976)에서 마르틴 하이데거는 인간됨을 '손'으로 정의해 손과 사유를 연결했다. 하이데거는 기술에 대해 우려했는데, 정확히 말하자면 인간 손(다시 말해 인간의 사유)이 구식화의 '위험'에 처했다고 보았다. 이처럼 이론에서 '손'의 쓰임은 흔히 백인 유럽 인간과 비인간을 구별하고 타자를 인

종화했던(Derrida, 1987: 161-196, 특히 173 참조), 생물학적이고 인본적인 편향을 고수하는 유생성의 위계와 연루되어 있다. 이로써 역설적이게도 손에-쥔-도구(tool-in-hand)를 잡을 수 있는 손은 손-안에-있음에 의해 개시된 '인간'이라는 범주를 정의하는 동시에 위협한다(Noland, 2009). 이 글의 목적은 손의 인간됨과 비인간됨의 문제를 해소하는 것이 아니라 비스듬히 사유하는 것이다. 즉 인본주의적 편향에서 비커나 작은 뼈 원반과 같은 물질이 손들 사이에서 전달될 때 그로부터 어떻게 다른 무엇을 사유할 수 있을지 살펴보려 한다. 손을 제스처(예를 들어 우리 사이에서 혹은 우리와 함께 움직이거나 바람에 의해 움직이는 제스처)로 볼 수 있다면, 어떤 사유가 가능할까? 우리가 손을 관계적인 것으로서 혹은 비인간 세계의 촉각성과 더불어 내부무생적이고 구성된 것으로서 생각한다면(Barad, 2012), 어떤 사유가 가능할까?

14) 정착민 식민주의의 도구로서 변증법에 대해서는 쿨타드의 글(Coulthard, 2014)을 참조할 것. 변증법에서 둘 사이에 있음과 이분법의 지속을 교란하는 일에 대해서는 모텐의 글(Moten, 2003b)을 참조할 것.

15) 여기서는 웬디 희경 전이 제시한 "오래가는 덧없음(the enduring ephemeral)"(Chun, 2011: 170)이라는 유용한 표현으로 '한편에는 사라짐, 한편에는 잔여'라는 기존의 견고한 구분을 풀 수 있는 실마리를 얻을 수 있다는 것만 상기해도 충분하겠다.

16) 틀림없이 르루아구랑은 인간의 외형은 기술적인 것의 외형이며 인간은 도구가 발명되면서 발명되었다는 것을 이해하고 있었다. 하지만 놀런드의 주장에 따르면(Noland, 2009: 94) 매체 이론은 재조합된

몸의 제스처적 루틴으로써 도구를 휘두르는 것 역시 몸이며, 이러한 몸이 '양방향으로 흐르는' 현재적 기류를 만든다는 점을 망각하는 경향이 있다. 손 홀로 혹은 도구 홀로가 아닌 그 간격(제스처적 내적 공간) 내에서 손과 도구는 모두 제스처다. 여기서 놀런드의 글을 더 길게 인용하는 것이 좋겠다. 스티글레르와 르루아구랑의 비판이 전반적으로 간과한 점은 다음과 같다. "① 도구 만들기(tool-making)와 도구 조작이 인간 존재와 동시에 일어났거나 인간만 독점하는 것이 아니라면, 인간과 기술적인 것이 동시에 발생한다는 주장에는 특별한 근거가 없다.… 그리고 ② 동물과 인간이 동일하게 도구 만들기와 도구 조작을 할 수 있다면, 이는 이들의 몸 역시 감각이 있는 도구이기 때문일 것이다. 만지는 손은 (후설이 제시한 유명한 은유를 떠올리자면) 만져지는 손이기도 하며, 그러므로 첫 번째 도구는 운동감각적, 자기수용적, 촉각적 지식을 생산하는 제스처이기도 하다."(Noland, 2009: 98)

17) 매코이를 연기한 드포레스트 켈리(DeForest Kelley)는 이 대사에 의문문 억양을 넣는 대신 평서문처럼 연기한다. 저작권자인 CBS가 제공하는 온라인 대본에는 이 대사 끝에 물음표가 있다. 켈리는 이뿐만 아니라 다른 대사도 조금씩 변주한다. 이 책에 실은 대화는 녹화된 에피소드에서 켈리의 육성을 녹취한 것이다. http://www.chakoteya.net/StarTrek/77.htm.

18) <스타 트렉>의 정치성을 둘러싼 논쟁이 다수 존재한다. 대니얼 버너디(Daniel Bernardi)는 백인 중심 민족주의를 지적했고(Bernardi, 1998), 조지 곤잘레즈(George A. Gonzalez)는 이를 반박했다(Gonzalez, 2015). <스타 트렉>이 아프로퓨처리즘에 끼친 복잡하고 논쟁적인 영향력에 대해서는 앤더슨과 존스가 편집한 출판물

(Anderson & Jones, 2016)을 참조할 것.

19) 미래에 전개된 외계의 역사 재연(reenactment)에 대해서는 <스타트렉> 시즌 3 중 "야만의 장막"(1969년 3월 7일 최초 방영)뿐 아니라 1968년 10월 25일 첫 방영된 에피소드 6 "총기의 유령"도 참조할 것.

20) 쿨타드는 식민적이라는 단어를 자본과 항상 붙여서 사용하는데(Coulthard, 2014), 그는 탐험의 시스템이자 착취의 시스템인 이 둘이 불가분하게 얽혔다고 보았다. 나아가 (미디어)고고학과 관련해 탐험과 착취는 쿨타드의 저작에서 발굴과도 연결된다. 나는 이 글 전반에서 쿨타드의 관점을 따랐다.

21) 앙리 베르그송(Heri Bergson)에게는 다양체(multiplicity)가 지속의 통합체를 구성하기 때문에 지속이란 본질적으로 이질적이며 동시적이다(Bergson, 2007: 165-168). 따라서 우리는 습관적 사유 방식을 뒤집고 직관(intuition)을 통해 우리 자신을 지속 내에 위치시켜야 한다.

22) 이데올로기를 활성화하는 관계 속 신호에 대한 견해는 슈나이더와 루프레히트의 글(Schneider & Ruprecht, 2017)을 참조할 것. 시간을 가로지르는 신호의 가능성에 더 긴밀하게 관여하는 슈나이너의 글(Schneider, 2018)도 참조할 것.

23) 장 클로트(Jean Clottes)와 데이비드 루이스윌리엄스(David Lewis-Williams)는 구석기 시대 동굴에 찾아가 그야말로 "샤먼과의 만남에 착수했다"(Clottes & Lewis-Williams, 1998: 23). 이 동굴에서는 이미지의 "주술적 힘"이 곧 "생의 능력(life force)"이며, 암석화는 "단지 그림"이 아니라 "영적인 세계로의 입구"이자 "주술적 배우를 기다리는 무대"(Clottes & Lewis-Williams, 1998: 35)다. 이들이 자신들의 예

술이라는 '입구'를 통해 난 살아 있는 통로(living passage)로 샤먼을 직접 만나려 했다는 점에 주목하자. 폴 반(Paul Bahn)은 "무아지경"의 황홀한 정취를 탐구하려 하면서 그 정취를 띠는 글에서 종종 드러나는 이러한 관점을 비판했다(Bahn, 2008: 15). 그는 이것이 "뒤를 향한 대약진"에 해당한다고 썼다. 암석화 연구를 둘러싼 과열된 논쟁을 파악하려면 매츠 로젠그렌(Mats Rosengren)의 글(Rosengren, 2012)과 그레고리 커티스(Gregory Curtis)의 글(Curtis, 2006)을 참조할 것. 얀 몬텔(Yann Montelle)의 ≪구석기 퍼포먼스: 사회적 실천으로서 연극성의 발현(Paleolithic Performance: The Emergence of Theatricality as a Social Practice)≫은 살아 있는 몸의 지식을 통한 발굴을 위해 "재활성화(reactivated)"될 수 있는, "손수(hands on)" 익히는 "제스처 패턴"을 예술 작품에서 찾는다(Montelle, 2009: 50-51).

24) 역설적이게도 이끌기따르기, 호명응답, 주체객체(subjectobject), 산주검(livingdead), 남자여자(manwoman), 내부무생화처럼 단어 사이의 공간을 말 그대로 좁힘으로써 간격에서 사유가 촉발될 수 있다. 이것은 그야말로 감각의 재분배로, 규범적 노선을 퀴어링하거나 흩트려 놓을 것이다. 이뿐 아니라 어쩌면 역설적이게도, 이것은 어떤 틈은 (빈부 격차처럼) 기하급수적으로 확대되는 한편 어느 사례들은 [공적사적(publicprivate)처럼] 그 간격의 크기와 속도가 신속하게 줄어드는 디지털 시대의 표현 양식을 거울처럼 반영한다.

25) 존스에 따르면(Jones, 2012: 87) 암석 깎기는 "퍼포먼스"이며, "상호 연결된 일련의 퍼포먼스"에 참여한다. 존스는 앤드루 코크런(Andrew Cochrane)과 공저한 출판물의 서문에서 퍼포먼스를 재현과 구분했지만, "재현의 수행적 속성"을 강조하며 이러한 작업이 "재현

이자 퍼포먼스"일 수 있다고 시사했다(Cochrane & Jones, 2012: 3).

26) <스타 트렉>은 상당히 유명하고 때 이른 인종 간 키스를 보여 준 연속극이기도 하다. 에피소드 "플라톤의 의붓자식(Plato's Step-children)"에서 커크와 우후라가 외계에서 강제로, 고대 로마와 좀 더 가까워 보이는 고대 그리스 재연물 내에서 한 키스이긴 하지만 말이다. 이 에피소드는 "야만의 장막"과 마찬가지로 상상도 못할 일이다.

27) "Shipping"은 'relationship'을 줄인 말로 팬덤 내에서 사용되며, 둘 혹은 그 이상의 캐릭터나 배우를 어떠한 관계(주로 연인)로 놓고 싶어 하는 팬의 욕망을 보여 준다. "슬래시(slash)"라고도 표현한다.

참고문헌

Agamben, Giorgio. 2011. *The Kingdom and the Glory: For a Theological Genealogy of Economy and Government.* Palo Alto, Calif.: Stanford University Press.

Alföldi-Rosenbaum, Elizabeth. 1971. "The Finger Calculus in Antiquity and the Middle Ages: Studies in Roman Game Counters." *Frühmittelalterliche Studien* 5: 1-9.

Althusser, Louis. 1971. "Ideology and Ideological State Apparatuses," translated by Ben Brewster. In *Lenin and Philosophy and Other Essays*, 127-86. New York: Monthly Review Press.

Anderson, Reynaldo, and Charles E. Jones. 2016. *Afrofuturism 2.0.* London: Lexington Books.

Armstrong, Richard H. 2006. *A Compulsion for Antiquity: Freud and the Ancients.* Ithaca, N.Y.: Cornell University Press.

Auslander, Philip. 1999. *Liveness*. New York: Routledge.

Bahn, Paul. 2008. "Holding onto Smoke: Wishful Thinking vs Common Sense in Rock Art Interpretation." In *Iconography without Texts*, edited by Paul Taylor, 15–24. London: Warburg Institute.

Barad, Karen. 2003. "Posthumanist Performativity: Toward an Understanding of How Matter Comes to Matter." *Signs* 28, no. 3: 801–31.

Barad, Karen. 2007. *Meeting the Universe Halfway: Quantum Physics and the Entanglement of Matter and Meaning*. Durham, N.C.: Duke University Press.

Barad, Karen. 2012. "On Touching—the Inhuman That Therefore I Am." *Differences* 23, no. 3: 206–23.

Benjamin, Walter. 1969. *Illuminations*. Translated by Harry Zohn. New York: Schocken Books.

Bennett, Jane. 2001. *The Enchantment of Modern Life: Attachments, Crossings, and Ethics*. Princeton, N.J.: Princeton University Press.

Bennett, Jane. 2010. *Vibrant Matter*. Baltimore: Johns Hopkins University Press.

Bergson, Henri. 2007. *The Creative Mind: An Introduction to Metaphysics*. Translated by Mabelle L. Andison. New York: Dover.

Bernardi, Daniel. 1998. *Star Trek and History: Race-ing toward a White Future*. New Brunswick, N.J.: Rutgers University Press.

Bernstein, Robin. 2009. "Dances with Things: Material Culture and the Performance of Race." *Social Text* 27, no. 4: 68.

Bieber, Margarete. 1961. *The History of the Greek and Roman Theater*. Princeton, N.J.: Princeton University Press.

Butler, Judith. 1988. "Performative Acts and Gender Constitution: An Essay in Phenomenology and Feminist Theory." *Theatre Journal* 40, no. 4: 519–31.

Caillois, Roger. (1935) 1984. "Mimicry and Legendary Psychasthenia." Translated by John Shepley. *October* 31: 12–32.

Cervenak, Sarah Jane. 2014. *Wandering: Philosophical Performances of Racial and Sexual Freedom*. Durham, N.C.: Duke University Press.

Chen, Mel Y. 2012. *Animacies: Biopolitics, Racial Mattering, and Queer Affect*. Durham, N.C.: Duke University Press.

Chun, Wendy. 2011. *Programmed Visions: Software and Memory*. Cambridge, Mass.: MIT Press.

Chun, Wendy. 2016a. "Did Somebody Say New Media?" In *Old Media, New Media*, edited by Wendy Hui Kyong Chun and Anna Watkins Fisher, 1–16. New York: Routledge.

Chun, Wendy. 2016b. *Updating to Remain the Same: Habitual New Media*. Cambridge, Mass.: MIT Press.

Clottes, Jean, and David Lewis-Williams. 1998. *The Shamans of Prehistory: Trance and Magic in the Painted Caves*. Translated by Sophie Hawkes. New York: Harry N. Abrams.

Cochrane, Andrew, and Andrew Meirion Jones. 2012. "Visualising the Neolithic: An Introduction." In *Visualising the Neolithic*, edited by Andrew Cochrane and Andrew Meirion Jones, 1–14. Oxford: Oxbow Books.

Collins, Patricia Hill, and Sirma Bilge. 2016. *Intersectionality*. New York: Polity Press.

Cooper, Melinda E. 2008. *Life as Surplus: Biotechnology and Capitalism in the Neoliberal Era*. Seattle: University of Washington Press.

Coulthard, Glen Sean. 2014. *Red Skins, White Masks: Rejecting the Colonial Politics of Recognition*. Minneapolis: University of Minnesota Press.

Curtis, Gregory. 2006. *The Cave Painters—Probing the Mysteries of the World's First Artists*. New York: Alfred A. Knopf.

de Certeau, Michel. 1984. *The Practice of Everyday Life*. Berkeley: University of California Press.

DeFrantz, Thomas F., and Anita Gonzalez. 2014. "Introduction: F rom Negro Expression to Black Performance." In *Black Performance Theory*, edited by Thomas F. DeFranz and Anita Gonzalez, 1-18. Durham, N.C.: Duke University Press.

Deleuze, Gilles. 1994. *Difference and Repetition*. New York: Columbia University Press.

Deleuze, Gilles, and Félix Guattari. 1987. *A Thousand Plateaus: Capitalism and Schizophrenia*. Translated by Brian Massumi. Minneapolis: University of Minnesota Press.

Derrida, Jacques. 1987. "Geschlecht II: Heidegger's Hand," in *Deconstruction and Philosophy: The Texts of Jacques Derrida*, ed. John Sallis. Chicago: University of Chicago Press.

Derrida, Jacques, and Gianni Vattimo. 1998. *Religion*. Palo Alto, Calif.: Stanford University Press.

Feffer, John. 2015. "What Can 'Star Trek' Teach Us about America n Exceptionalism?" *Nation*, September.

Gonzalez, George A. 2015. *The Politics of Star Trek*. New York: Palgrave Macmillan.

Gonzalez Rice, Karen. 2016. *Long Suffering: American Endurance Art as Prophetic Witness*. Ann Arbor: University of Michigan Press.

Greenblatt, Stephen. 1988. *Shakespearean Negotiations: The Circulation of Social Energy in Renaissance England*. Berkeley and Los Angeles: University of California Press

Greven, David. 2009. *Gender and Sexuality in Star Trek: Allegories of Desire in the Television Series and Films*. New York: McFarland.

Haraway, Donna. 2003. *Companion Species Manifesto*. Chicago: Prickly Paradigm Press.

Harvey, Graham. 2005. *Animism: Respecting the Living World*. New York: Columbia University Press.

Heathfield, Adrian. 2015. *Out of Now: The Lifeworks of Tehching Hsieh*. Cambridge, Mass.: MIT Press.

Ingold, Tim. 2006. "Rethinking the Animate, Reanimating Thought." *Ethnos: Journal of Anthropology* 71, no. 1: 9–20.

Johnson, Odai. 2009. "Unspeakable Histories: Terror, Spectacle and Genocidal Memory." *Modern Language Quarterly* 70, no. 1: 97–116.

Jones, Andrew Meirion. 2012. "Living Rocks: Animacy, Performance and the Rock Art of the Kilmartin Region." In *Visualising the Neolithic*, edited by Andrew Cochrane and Andrew Meirion Jones, 79–88. Oxford: Oxbow Books.

Kapchan, Deborah. 2007. *Traveling Spirit Masters: Moroccan Gnawa Trance and Music in the Global Marketplace.* Middletown, Conn.: Wesleyan University Press.

Keller, Mary. 2001. *The Hammer and the Flute: Women, Power, and Spirit Possession.* Baltimore: Johns Hopkins University Press.

Lepecki, Andre. 2013. "From Partaking to Initiating: Leadingfollowing as Dance's (A-personal) Political Singularity." In *Dance, Politics and Co-Immunity: Current Perspectives on Politics and Communities in the Arts,* edited by Sefan Holscher and Philipp Schulte, 23-40. Chicago: University of Chicago Press.

Manning, Erin. 2009. "The Elasticity of the Almost." In *Planes of Composition: Dance, Theory, and the Global,* edited by Andre Lepecki and Jenn Joy, 107-22. London: Seagull Press.

Merleau-Ponty, Maurice. 2012. *The Phenomenology of Perception.* Translated by Donald A. Landes. New York: Routledge.

Mignolo, Walter. 2005. *The Idea of Latin America.* London: Blackwell.

Mitchell, W. J. T. 2006. *What Do Pictures Want? The Lives and Loves of Images.* Chicago: University of Chicago Press.

Mitchell, W. J. T., and Mark B. N. Hansen. 2010. *Critical Terms for Media Studies.* Chicago: University of Chicago Press.

Montelle, Yann. 2009. *Paleoperformance: The Emergence of Theatricality as Social Practice.* New York: Seagull Books.

Moten, Fred. 2003a. *In the Break: The Aesthetics of the Black Radical Tradition.* Minneapolis: University of Minnesota

Press.

Moten, Fred. 2003b. "Not in Between: Lyric Painting, Visual History, and the Postcolonial Future." *TDR: A Journal of Performance Studies* 47, no 1: 127–48.

Muñoz, José Esteban. 1999. *Disidentifications: Queers of Color and the Performance of Politics*. Minneapolis: University of Minnesota Press.

Noland, Carrie. 2009. *Agency and Embodiment: Performing Gestures, Producing Culture*. Cambridge, Mass.: Harvard University Press.

Nyong'o, Tavia. 2015. "The Shipped and the Bereft, or, Seven Backward Glances That Won't Turn You to Salt." *Bullyblogger* (blog), March 6. https://bullybloggers.wordpress.com/2015/03/06/the-shipped-and-the-bereft-or-seven-backward-glances-that-wont-turn-you-to-salt/.

Paffrath, James D., and Stelarc, eds. 1984. *Obsolete Body/Suspensions/Stelarc*. New York: J. P. Publications.

Parikka, Jussi. 2015. *A Geology of Media*. Minneapolis: University of Minnesota Press.

Rancière, Jacques. 2010. *Dissensus: On Politics and Aesthetics*. London: Continuum.

Raphael, T. J. 2016. "Meet the 22-Year-Old with a Big Idea for Cleaning Up the Great Pacific Garbage Patch." Public Radio International, August 17. https://www.pri.org/stories/2016-08-17/meet-22-year-old-big-idea-cleaning-great-pacific-garbage-patch.

Roach, Joseph. 1996. *Cities of the Dead: Circum-Atlantic*

Performance. New York: Columbia University Press.
Rosengren, Mats. 2012. *Cave Art, Perception, and Knowledge*. New York: Palgrave Macmillan.
Schneider, Rebecca. 2011. *Performing Remains: Art and War in Times of Theatrical Reenactment*. New York: Routledge.
Schneider, Rebecca. 2012. "It Seems as If I Am Dead: Zombie Capitalism and Theatrical Labor." *TDR: A Journal of Performance Studies* 56, no 4: 150-62.
Schneider, Rebecca. 2016. "Bone Theatre." In *Experiencing liveness in contemporary performance*, edited by Matthew Reason and Anja Mølle Lindelof. London: Routledge.
Schneider, Rebecca, and Lucia Ruprecht. 2017a. "In Our Hands: Toward an Ethics of Gestural Response-ability, Rebecca Schneider in Conversation with Lucia Ruprecht." *Performance Philosophy* 2, no. 3.
Schneider, Rebecca. 2017b. "Intra-inanimations." In *Animism in Art and Performance*, edited by Christopher Braddock, 191-212. New York: Palgrave Macmillan.
Schneider, Rebecca. 2018. "That the Past May Yet Have Another Future: Gesture in the Times of Hands Up." *Theatre Journal* 70, no. 3.
Serres, Michel. 2013. *The Parasite*. Translated by Lawrence R. Schehr. Minneapolis: University of Minnesota Press.
Sharpe, Christina. 2016. *In the Wake: On Blackness and Being*. Durham, N.C.: Duke University Press.
Silverman, Kaja. 1995. *Threshold of the Visible World*. New York: Routledge.
Simpson, Leanne. 2011. *Dancing on Our Turtle's Back: Stories of*

Nishnaabeg Re-creation, Resurgence, and a New Emergence. Winnipeg, Manitoba: Arbeiter Ring.

Spielman, Loren R. 2012. "Playing Roman in Jerusalem: Jewish Attitudes toward Sport and Spectacle during the Second Temple Period." In *Jews in the Gym: Judaism, Sports, and Athletics*, edited by Leonard Greenspoon, 1-24. Purdue, Ill.: Purdue University Press.

St. Clair, Archer. 2003. *Carving as Craft: Paletine East and the Greco-Roman Bone and Ivory Carving Tradition.* Baltimore: Johns Hopkins University Press.

Stiegler, Bernard. 1998. *Technics and Time*, vol. 1, *The Fault of Epimetheus.* Translated by Richard Beardsworth and George Collins. Palo Alto, Calif.: Stanford University Press.

Stiegler, Bernard. 2014. *The Re-enchantment of the World.* Translated by Trevor Arthur. New York: Bloomsbury.

Taussig, Michael. 1993. *Mimesis and Alterity.* New York: Routledge.

Tischleder, Babette B., and Sarah Wasserman. 2015. Introduction to *Cultures of Obsolescence: History, Materiality, and the Digital Age*, edited by Babette B. Tischleder and Sarah Wasserman. New York: Palgrave Macmillan.

United Nations News Center. 2015. "UN Environment Chief Warns of 'Tsunami' of e-Waste at Conference on Chemical Treaties." May 4.

Wise, Jennifer. 2000. *Dionysus Writes: The Invention of Theatre in Ancient Greece.* Ithaca, N.Y.: Cornell University Press.

Žižek, Slavoj. 1992. *Looking Awry: An Introduction to Jacques Lacan through Popular Culture.* Cambridge, Mass.: MIT Press.

지은이 소개

유시 파리카(Jussi Parikka)

핀란드 출신 문화역사가. 현재 덴마크 오르후스대학교의 디지털미학·문화학과 교수이자 영국 사우샘프턴대학교의 방문연구교수로 있다. 환경 미디어와 기술 문화를 연구한다. ≪미디어고고학이란 무엇인가?≫(2012) 등으로 미디어고고학 담론을 주도적으로 생산했고, ≪미디어의 지질학≫(2015)을 비롯한 미디어 생태학 삼부작으로 반향을 불러일으켰다. 최근에는 ≪가동적 이미지: 시각에서 비시각으로≫(2023), ≪살아 있는 표면: 이미지, 식물, 미디어 환경≫(공저, 2024) 등으로 동시대 인문학의 저변을 확장하고 있다. 트랜스미디알레 2023을 포함한 여러 예술 기획에 큐레이터로 참여했다.

리베카 슈나이더(Rebecca Schneider)

미국 브라운대학교의 연극예술·퍼포먼스연구 교수다. 라이브 예술 및 미디어 이론과 방법론을 가르친다. <역사라는 바다의 여울목들(Shoaling in the Sea of History)>이라는 장기 프로젝트로 노예제의 자본주의적 메커니즘을 문화사적 맥락에서 탐색해 왔다. 이 프로젝트로 2021년 구겐하임 펠로에 지명되었다. 저서로는 ≪연극과 역사≫(2014), ≪수행하는 잔여: 연극적 재연 시대의 예술과 전쟁≫(2011), ≪퍼포먼스에서의 명시적 신체≫(1997)가 있다.

이오애나 주컨(Ioana B. Jucan)

연극과 퍼포먼스, 철학 그리고 뉴미디어의 교차점에서 작업하는 연구자·예술가다. 데이터 유창성 극장 프로젝트(Data Fluencies Theatre Project)와 비판적·창의적 AI 연구실(Critical and Creative AI Studies Lab)을 이끌고 있다. 저서로는 캘러웨이상을 수상한 ≪악의적 기만자들: 생각하는 기계와 수행적 객체≫(2023), ≪알고리즘적 진정성≫(2023, 공저), 공연 텍스트들을 모은 ≪분열된 세계의 우주론≫(2017) 등이 있다.

옮긴이 소개

심효원

미디어연구자. 최근 논문으로는 "'비판적' 기호식: 예수, 인디오, 식물의 세 가지 경우", "식물의 가상적 이미지", "공동체적 행위로서의 후각" 등이 있고, ≪물질의 삶≫, ≪21세기 사상의 최전선≫ 등에 공저로 참여했다. ≪미디어의 지질학≫을 포함한 유시 파리카의 여러 저작을 번역했고, 해설서 ≪유시 파리카≫를 출간했다.

유지원

미학을 공부했고, 시각예술 현장에서 기획, 비평, 번역을 가로질러 활동한다. 아르코미술관, 서울시립미술관, 리움미술관 등에서 일했고, 미술 글쓰기 콜렉티브 '옐로우 펜 클럽'(2016~)의 멤버로 전시 및 프로그램 공간 YPC SPACE(2022~)를 공동 운영한다. 단독 저서로는 ≪미술 사는 이야기≫(마티, 2024)가 있다.